위아더월드,
도움의 손길이 필요해요,
세계 빈곤 아동

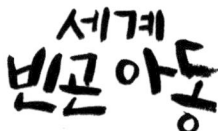

1판 1쇄 발행	2021년 4월 1일
글쓴이	최형미
그린이	나일영
편집	이용혁 박재언 이순아
디자인	문지현 오나경
펴낸이	이경민
펴낸곳	㈜동아엠앤비
출판등록	2014년 3월 28일(제25100-2014-000025호)
주소	(03737) 서울특별시 서대문구 충정로 35-17 인촌빌딩 1층
전화	(편집) 02-392-6901 (마케팅) 02-392-6900
팩스	02-392-6902
전자우편	damnb0401@naver.com
SNS	

ISBN 979-11-6363-346-4 (74400)

※ 책 가격은 뒤표지에 있습니다.
※ 잘못된 책은 구입한 곳에서 바꿔 드립니다.
※ 이 책에 실린 사진은 위키피디아, 셔터스톡에서 제공받았습니다.

도서출판 뭉치는 ㈜동아엠앤비의 어린이 출판 브랜드로, 아이들의 지식을 단단하게 만들어 주고, 아이들의 창의력과 사고력을 키워 주어 우리 자녀들이 융합형 창의 사고뭉치로 성장할 수 있도록 좋은 책을 만들겠습니다.

펴내는 글

지금도 굶는 아이들이 많나요?
빈곤 아동들을 위해 우리는 어떤 도움을 줄 수 있나요?

선생님의 질문에 교실은 한순간 조용해집니다. 인내심이 한계에 다다른 선생님께서 콕 집어 누군가의 이름을 부르는 순간 나는 걸리지 않았다는 안도감에 금세 평온을 되찾지요. 많은 사람 앞에서 어떻게 말을 해야 하나 고민해 보지 않은 사람은 없을 겁니다. 사람들 앞에서 자신의 생각을 조리 있게 전달하는 기술은 국어 수업 시간에만 필요한 것이 아닙니다. 학교 교실뿐만 아니라 상급 학교 면접 자리 또는 성인이 된 후 회의에서도 자신의 의견을 분명히 표현할 수 있어야 합니다. 하지만 어디서부터 시작해야 할지 몰라 입을 떼는 일이 쉽지 않습니다. 혀끝에서 맴돌다 삼켜 버리는 일도 종종 있습니다. 얼떨결에 한마디 말을 하게 되더라도 뭔가 부족한 설명에 왠지 아쉬움이 들 때도 많습니다.

논리적 사고 과정과 순발력까지 필요로 하는 토론장에서 자신만의 목소리를 내려면 풍부한 배경지식은 기본입니다. 게다가 고학년으로 올라가서 배우는 수업과 진학 시험에서의 논술은 교과서 이상의 것을 요구합니다. 또한 상대의 의견을 받아들이거나 비판하기 위해서는 의견의 타당성을 검토하고 높은 수준의 가치 판단을 해야 하는 경우가 많은데, 자신의 입장을 분명히 하기 위해서는 풍부한 자료와 논거가 필요합니다.

토론왕 시리즈는 사회에서 일어나는 다양한 사건과 시사 상식 그리고 해마다 반복되는 화젯거리 등을 초등학교 수준에서 학습하고 자신의 말로 표현할 수 있도록 기획

되었습니다. 체계적이고 널리 인정받은 여러 콘텐츠를 수집해 정리하였고, 전문 작가들이 학생들의 발달 상황에 맞게 스토리를 구성하였습니다. 개별적으로 만들어진 교과서에서는 접할 수 없는 구성으로 주제와 내용을 엮어 어린이 독자들이 과학적 사고뿐만 아니라 문제 해결력, 창의적 발상을 두루 경험할 수 있도록 하였습니다. 또한 폭넓은 정보를 서로 연결지어 설명함으로써 교과별로 조각나 있는 지식을 엮어 배경지식을 보다 탄탄하게 만들어 줍니다. 이러한 통합 교과형 구성은 국어를 기본으로 과학에서부터 역사, 지리, 사회, 예술에 이르기까지 상식과 사회에 대한 감각을 익히고 세상을 올바르게 바라보는 눈을 갖는 데 큰 도움이 될 것입니다.

『위아더월드, 도움의 손길이 필요해요, 세계 빈곤 아동』은 전쟁과 기아, 자연재해로 기본적인 의식주도 해결하기 어려운 빈곤 아동에 대한 이야기를 담고 있어요. 이런 어려움을 벗어나고자 다른 나라로 이동해 보지만, 받아 주지 않아 난민이 되어 또 다른 고통을 겪게 되지요. 이 책을 통해 세계 빈곤 아동, 난민 아동의 실태를 살펴보고, 북한은 물론 우리나라에서도 빈곤을 겪는 경우를 생각해 봅니다. 여러분이 지구촌 곳곳의 빈곤 문제에 대해 관심을 갖고 우리가 할 수 있는 일을 스스로 생각하고 토론해 본다면 더없이 소중한 시간이 될 것입니다.

편집부

차례

펴내는 글 · 4
아직도 굶는 아이들이 있다고? · 8

1장 배고픈 사람들 · 11

제주도에 왔어요!

공항에서 만났던 여자아이

토론왕 되기! 굶는 아이들은 왜 생길까?
예멘인들은 왜 난민이 되었을까?

2장 가난은 게으른 탓? · 29

제주도의 난민들

왜 계속 가난해야 할까?

토론왕 되기! 가난 때문에 어린이가 결혼한다고?

3장 특별한 저금통 · 45

아프리카에 사는 야우

나도 동생이 생겼어요!

토론왕 되기! 우리 주변엔 어떤 어려운 사람들이 있을까?

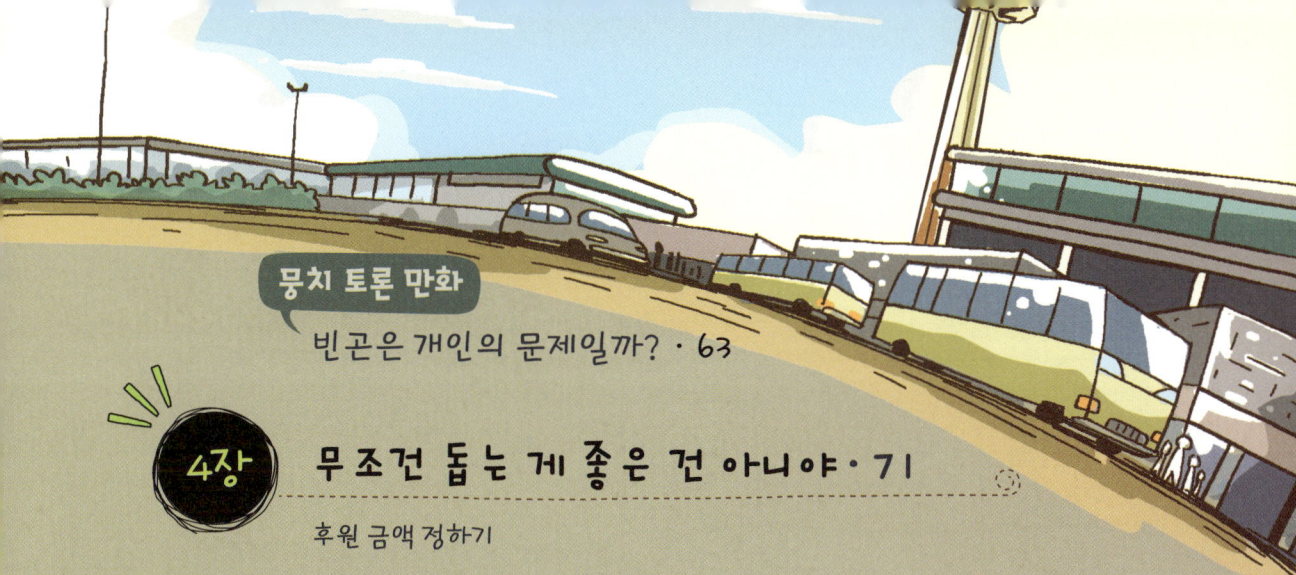

뭉치 토론 만화
빈곤은 개인의 문제일까? · 63

4장 무조건 돕는 게 좋은 건 아니야 · 71

후원 금액 정하기

가난은 불쌍한 게 아니야

토론왕 되기! 언제까지, 어디까지 도와줘야 할까?

5장 서로가 함께 힘을 모아 · 87

이제 편식은 안 해!

저금통을 늘리자

토론왕 되기! 빈곤 퇴치를 위해 우리는 뭘 할 수 있을까?
북한 아동도 우리가 도와야 할까?

어려운 용어를 파헤치자! · 105

세계 빈곤 아동 관련 사이트 · 106

신나는 토론을 위한 맞춤 가이드 · 107

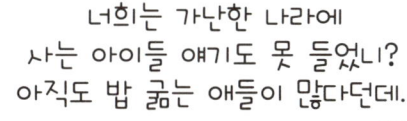

제주도에 왔어요!

"와! 제주도다."

서연이는 공항에서 나오자마자 만세를 부르며 소리를 질렀어요. 이제야 제주도에 온 것이 실감 났거든요. 눈이 부시게 파란 하늘, 코끝을 간질이는 바람 속에 스며들어 있는 비릿한 바다 냄새 그리고 서울에서는 볼 수 없는 나무들까지! 서연이가 그렇게 오고 싶던 제주도에 드디어 왔어요. 서연이는 기분이 좋아서 팔짝팔짝 뛰었어요.

작년에는 여름 휴가는커녕 짧은 가족 여행도 가지 못할 만큼 엄마 아빠가 바빴어요. 그래서 서연이는 여름 방학 때도, 겨울 방학 때도 학원과 집만을 오가야 했어요. 하지만 엄마 아빠가 힘들게 일하느라 바쁜 것이니 뭐라 할 수도 없었지요.

"서연아, 우리 차 어때?"

서연이가 공항을 둘러보는 사이 아빠가 렌터카를 빌려 왔어요. 차 키를 손에 쥔 아빠의 표정이 상기되어 보였어요. 아빠는 제주도에서 5일 동안 지내려면 숙소를 정하는 일만큼 차를 빌리는 일도 중요하다고 했어요. 그래서 여행 계획을 세우는 내내 어떤 차를 빌릴 것인가에 대해 엄마랑 이야기를 많이 나누었지요. 사실 의견이 안 맞아 조금 다투기도 했어요. 엄마랑 아빠는 가끔 의견 차이로 언성이 높아질 때가 있어요. 그럴 때마다 엄마가 하는 말이 있어요.

"아빠랑 엄마는 중요하게 생각하는 게 다를 때가 많아. 서연아, 사람마다 생각이 다르고 또 중요하게 여기는 것이 달라서 의견 차이가 있을 수 있어. 엄마 아빠가 싸운다고 걱정하지 말고 서로 다른 의견을 맞춰 가는 것이라고 생각하렴. 알았지?"

제주도 여행 계획을 세우면서도 엄마 아빠는 의견 차이로 언성이 높아진 일이 몇 번이나 있었어요. 여행 장소를 정할 때부터 그랬지요. 아빠는 태국이나 필리핀 같은 해외 휴양지로 가자고 했고, 엄마는 제주도에 가자고 했어요. 서연이가 한 번도 가 보지 못했으니 우리나라의 자랑거리 제주도부터 가 봤으면 좋겠다는 이유에서였지요.

"아니, 비용 차이가 얼마 안 나는데 뭐 하러 국내 여행을 가. 해외가 낫다니까."

"비용 차이가 얼마 안 나니까 국내부터 가야죠."

마치 자석의 같은 극끼리인 것처럼 엄마 아빠는 팽팽하게 맞섰어요. 의견이 좁혀지지 않아 결국 서연이의 선택에 따라 여행지를 결정하게 되었답니다. 그러고 나서도 여러 곳에서 엄마 아빠의 의견 차이가 있었어요. 엄마는 차보다는 숙소에 대해 고민을 많이 하는 것 같았어요.

"여행 가기도 전에 피곤해서 병날 것 같아요. 조금씩 양보하고 그냥 재미있게 준비해서 가면 안 돼요?"

가만히 지켜보던 서연이가 결국 폭발하고 난 다음에야 여행 준비는 일사천리로 진행되었지요.

아빠가 빌린 차는 지붕이 열리는 형태였어요. 가격 때문에 아빠를 말리던 엄마였지만, 막상 차에 타 해안 도로를 달리니 기분이 좋아 보였어요. 바닷바람을 맞는 기분이 꽤 괜찮았거든요.

"와, 해안 도로 정말 멋지다."

"그러게. 이럴 때 아니면 우리가 언제 오픈카를 타 보겠어. 제주 하늘 정말 파랗다."

차 안에서는 세 사람의 웃음소리가 끊이질 않았어요. 날씨도 좋고, 눈이 부시게 파란 하늘도 좋고, 코끝을 간질이는 바닷바람도 너무나 좋은 제주였어요.

"여기야?"

엄마가 찾아 놓은 숙소에 도착한 서연이와 아빠는 눈이 동그래졌어요. 텔레비전 드라마에서나 보던 제주도의 돌집이 바로 5일간 지낼 숙소였거든요.

"호텔보다 훨씬 낫다니까. 이번 기회에 제주를 만끽하고 가야지!"

돌담이 둘러싼 작은 집에는 앞마당도 있고, 뒷마당에서는 멀리 바다가 보였어요. 아파트에서만 살아 본 서연이는 제주도 돌집이 무척 신기했어요.

"자, 짐 정리 다 했으면 이제 밥 먹으러 가 볼까? 여기서 조금만 걸으면 엄마가 찾은 특급 맛집이 있어."

하지만 엄마가 추천한 음식점에 도착한 아빠와 서연이는 떨떠름한 표정을 지었어요. 음식점이 좀 시시해 보였거든요. 낡은 간판만큼이나 식당 여기저기가 다 허름해 보였어요.

"겉모습이 중요한 게 아니라니까. 여기가 제주도 사람들만 찾는 진짜 맛집이래. 여행객들보다 현지 사람들이 인정한 곳이 진짜 맛집이라고! 그거 알지?"

"에휴, 뭐 해물뚝배기 맛이 다 거기서 거기지."

아빠와 서연이는 일단 식당 안으로 들어가 식탁에 앉았어요. 점심시간이 훌쩍 지났는데도 식당 안에는 사람이 꽤 많았어요. 식당 유리창으로 보이는 바닷가 풍경은 정말 멋있었어요. 서연이가 머물 숙소보다 식당이 바다와 더 가까웠거든요.

"와, 바다를 보며 밥을 먹다니 최고예요."

서연이는 이제야 식당이 마음에 들었어요.

"그치? 여기가 맛도 최고인데 풍경도 최고래."
엄마의 말에 서연이는 엄지척을 해 보였어요.

 공항에서 만났던 여자아이

주문을 하고 음식이 나올 때까지 서연이는 식당 마당을 둘러보기로 했어요. 텔레비전 드라마에서나 보던 돌담이 신기했거든요. 게다가 식당 뒤편으로 나오니 바다가 몇 배나 더 근사해 보였어요.

"어?"

그런데 식당 옆집 마당에서 밥을 먹는 여자아이를 본 서연이는 깜짝 놀랐어요.

"서연아, 식사 나왔어. 얼른 와."

아빠가 부르는 소리에도 서연이는 그 아이에게서 눈을 뗄 수가 없었어요.

"서연아, 왜 안 와?"

서연이를 찾으러 나온 아빠가 조심스럽게 말했어요.

"서연아, 남의 집을 막 보고 그러면 안 돼. 이곳은 담이 낮아서 남의 집이 훤히 보이거든."

식당으로 들어와 밥을 먹으면서도 서연이는 옆집 마당에서 밥을 먹던 아이의 표정을 머릿속에서 지울 수가 없었어요.

"서연아, 무슨 생각을 그렇게 해?"

　밥을 먹는 둥 마는 둥 하며 생각에 빠진 서연이를 보고 엄마가 물었어요.

"엄마, 사실은 아까 공항에서 본 아이를 옆집에서 보았어요."

"응? 그게 왜? 아는 아이야?"

　엄마의 말에 서연이는 고개를 저었어요.

　사실 서연이는 아까 공항에서 뜻밖의 광경을 접했어요. 잠시 잊고 있었는데, 옆집에서 아이를 본 후 다시 머릿속에 생생하게 떠올랐죠.

　엄마는 짐을 찾고 아빠는 렌터카를 찾으러 갔을 때 서연이는 공항에서 한 가족을 보았어요. 한눈에 보아도 우리나라 사람이 아닌 것 같았지요. 그 가족들은 공항 직원들과 실랑이를 벌이고 있었어요. 그 가족들이 뭘 잘못했는지는 모르겠지만 공항 직원들은 화난 표정이었어요.

　서연이는 왠지 모르게 그 가족들이 불쌍해 보였어요. 서연이보다 몇 살 어려 보이는 여자아이 때문이었어요. 커다란 눈에 눈물이 글썽글썽한 그 여자아이는 당장에라도 쓰러질 것처럼 허약해 보였거든요. 하긴 그 여자아이뿐만 아니라 여자아이의 엄마 아빠로 보이는 사람들도 비쩍 말라 보였어요. 엄마의 등에 업힌 아기도요.

여자아이의 아빠가 계속 '배고파, 배고파.'라고 서툰 한국말을 하며 아이들의 배를 가리켰었어요. 서연이는 그 가족들이 식당에서 밥을 먹고 돈을 내지 않아 공항 직원에게 잡힌 건가 하는 생각이 잠시 들기도 했어요. 짐을 찾은 엄마가 부르는 바람에 그 가족들이 어떻게 됐는지 보지 못했는데, 뜻밖에도 식당 옆집 마당에서 여자아이를 만난 거예요. 게다가 그 여자아이가 어찌나 허겁지겁 밥을 먹는지 체할까 봐 걱정이 될 정도였어요..

"아, 난민인가 보네. 제주에 난민 문제가 좀 있어."

서연이의 설명을 들은 아빠가 말했어요.

"난민? 그게 뭐예요?"

"종교적인 이유나 정치적인 이유 때문에 자신들의 나라에서 살지 못

하고 다른 나라로 살러 오는 사람들을 말해. 그런데 난민을 반대하는 나라도 많아서 이곳저곳 떠돌며 살거나 공항에 사는 사람들도 있다고 해. 우리나라는 2016년 12월에 난민법이 통과되면서 난민에 대한 처우가 좀 나아졌어. 여기 제주도에도 정착한 난민들이 꽤 있다고 들었어."

엄마의 말에 서연이는 고개를 갸웃거렸어요. 조금은 알 것 같기도 하

난민에 대해 들어 봤나요?

세계 빈곤 노트

난민은 여러 이유로 자신의 나라에서 살 수 없게 되어 다른 나라로 망명한 사람을 말해요. 인종 문제나 종교 혹은 정치적 견해 차이 등으로 난민이 되지요. 우리나라에서도 2018년 난민 문제가 불거진 적이 있어요. 500여 명이 넘는 예멘인들이 제주도로 들어와 난민 신청을 했어요. 이 문제를 놓

고 찬성, 반대로 시끄러웠지요. 난민을 받아들이지 않으려는 입장은 치안 문제와 가짜 난민 문제, 난민법 악용 등을 주장했어요. 찬성하는 사람은 아시아에서 처음으로 난민법을 시행한 국가인 만큼 인도주의(인간의 존엄성을 최고의 가치로 여기고 인종, 민족, 국가, 종교 따위의 차이를 초월하여 인류의 안녕과 복지를 꾀하는 것을 이상으로 하는 사상이나 태도)를 우선시해야 된다는 입장이었지요. 우리나라는 1992년 난민 협약에 가입하였고, 2001년 최초의 난민을 인정해 난민 협약 가입국이 되었습니다. 그리고 2016년부터 난민법이 시행되고 있지요.

고 이해가 되지 않는 부분들도 있었거든요.

"옆집에 아까 그 사람들이 있다고?"

아빠는 조금 굳은 표정이었어요.

"맞다. 이 식당 옆이 난민 보호 센터라고 했어. 이 식당 주인이 그 난민 보호 센터 자원봉사자이기도 하고. 난민들 대부분이 불법 체류 상태

 빈곤은 정확히 어떤 거예요?  세계 빈곤 노트

빈곤이라는 말을 들어 본 적 있나요? 빈곤이라는 말이 조금 어렵게 느껴지나요? 하지만 조금만 생각해 보면 우리 친구들이 다 아는 말이에요. 빈곤은 사람이 사람답게 살 수 있는 최소한의 물적 자원 즉 먹을거리가 부족한 상태를 말해요. 쉽게 말해 가난한 상태를 말하는 것이지요.

요즘은 먹을 것과 물건이 풍족해 가난한 사람이 있다는 것을 실감하지 못하는 친구들도 있을 거예요. 하지만 과거에는 모두가 어렵고 가난하던 시절이 있었지요. 특히 한국 전쟁 직후에는 먹을 것이나 여러 가지 생필품이 부족해 전 국민이 가난에 시달리기도 했어요.

요즘은 과거처럼 전 국민 모두가 밥을 굶고 가난에 시달리는 것은 아니지만 여전히 빈곤한 상태에 있는 사람들이 생각보다 많답니다.

라서 영양 상태도 안 좋잖아. 여기 식당 주인이 난민들에게 무료 급식을 한다더라. 휴, 아직도 밥 굶는 사람들이 많다니. 안타깝다."

엄마의 말에 서연이는 왜 옆집 마당에서 그 아이가 밥을 먹고 있는지 이제야 알 것 같았어요. 앙상하게 마른 아이가 얼마나 배고팠을까 하는 생각을 하니 안타까웠어요. 그리고 어려운 사람들에게 식사를 제공해 준다는 식당 주인이 고맙게 느껴졌어요.

"밥 다 먹었으면 빨리 가자. 서연아, 그리고 되도록 혼자 돌아다니지 마. 여긴 낯선 곳이니까 길이라도 잃어버리면 큰일이잖아."

아빠는 서연이의 등을 가볍게 두드리며 재촉했지요.

세계 기아 지수

세계 기아 지수는 세계와 지역, 국가 단위에서 기아를 포괄적으로 측정하고 추적, 관측하는 도구예요. 이렇게 조사하고 지수로 표기하는 이유는 전 인류가 기아와 싸워야 한다는 인식과 이해를 높이고, 국가와 지역 간 기아 상황을 비교할 수단을 제공하기 위해서예요. 또한 기아 종식을 위해 필요한 자원들을 신속하게 제공해야 할 가장 어려운 곳을 알리는 것도 목적이지요.
(아래 지도는 2020년 기준)

세계 기아 지수 단계표

세계 기아 지수 단계표는 100점부터 0점까지의 점수에 따라 5개 단계로 기아의 심각성을 구분합니다.
[낮음] 단계에서 [극히 위험]까지의 지표로 국가별 기아 수준을 단계별로 구분할 수 있습니다. 세계 기아 지수 단계표를 통해 세계 기아 현황과 기아 심각성을 종합하여 파악할 수 있습니다.

0   10   20

낮음 ≤9.9   보통 10-19.9   심각 20.0-34.9

세계 기아 지수 구성 요소

세계 기아 지수는 다차원적인 지표를 통해 인구 전체의 영양 실태뿐 아니라 아동의 영양 실태까지 분석하여 체계적인 기아 현황 분석의 기준이 됩니다.

불충분한 식량 공급

영양 결핍 인구

- 세계 기아 지수에서 주요한 기아 지표로 원활한 식량 공급 정도를 평가
- 성인과 아동을 모두 포함해 측정
- 지속 가능 발전 목표를 비롯한 국제 기아 목표의 선행 지표

영·유아 사망률

5세 미만 영·유아 사망률

- 기아의 가장 심각한 결과인 사망을 측정, 특히 영·유아에게 가장 취약
- 세계 기아 지수에 미량 영양소 결핍을 반영
- 영양 부족 외 기타 사망 원인까지 포괄적으로 다루어 영·유아 사망률을 보다 다각적으로 분석

아동 영양 부족

저체중 아동 | **발육 부진 아동**

- 섭취 가능한 칼로리를 넘어 식사의 질과 효율을 모두 고려
- 특히 아동에게 취약한 항목인 영양 결핍을 고려
- 가정 내 불균형한 식량 분배에 의해 쉽게 좌우
- 지속 가능 발전 목표 영양 지표

35　　　　　50

위험 35.0-49.9　　　극히 위험 ≥50.0

토론왕 되기!

굶는 아이들은 왜 생길까?

비쩍 마른 몸으로 집이 아닌 길에서 밥을 먹고 있는 소년의 모습을 보면서 어떤 생각이 드나요? 만약 우리가 맛없다는 이유로 음식을 남기는 것을 본다면 이 소년은 어떤 생각을 할까요?

음식을 남기는 것이 나쁜 것은 알지만 내 식성에 맞지 않는 음식까지 모두 먹어야만 하는 걸까요?

편식은 건강에도 좋지 않잖아. 그리고 무엇보다 먹을 만큼만 음식을 해서 쓰레기를 줄이는게 더 좋겠지. 네가 저 입장이 된다면 어떤 생각이 들 것 같니?

일단 저렇게 길바닥에 앉아서 밥을 먹는다면 좀 많이 슬플 것 같아요. 밥도 맛없을 것 같고요.

저 아이가 먹고 있는 음식이 어쩌면 그날 하루 식사의 전부일지도 몰라.

정말요? 평소 내 간식 양만큼도 안 될 것 같은데. 앞으론 음식을 남기지 않고 적당량만 먹어야 할 것 같아요.

예멘인들은 왜 난민이 되었을까?

예멘은 사우디아라비아 반도 끝에 있는 나라예요. 종파 갈등으로 2015년 내전이 시작되자, 예멘 사람들은 난민 생활을 시작했고 일부는 제주도로 들어왔어요. 현행 난민법에 따르면 제주도는 비자 없이 30일 체류가 가능하며, 이후 난민 신청을 하면 수개월 걸리는 심사 기간 동안 체류할 수 있는 외국인 등록증을 발급해 주고 있답니다.

이때 국내에서는 난민에 대한 찬반 논쟁이 뜨겁게 벌어졌는데요, 우리나라는 이들 제주 난민 신청자 484명을 심사해서 2명은 난민 인정, 412명은 인도적 체류 허가, 56명은 단순 불인정해 주었어요.

법적으로 난민으로 인정된 2명은 언론인 출신으로, 반군과 관련된 비판적인 기사를 작성해 납치·살해 협박을 받았고 향후에도 박해 가능성이 높은 것으로 판단됐어요. 제주 예멘 난민 신청자 중 난민 지위가 인정된 것은 이들이 처음으로, 난민으로 인정받으면 사회 보장·기초 생활 보장 등에서 대한민국 국민과 같은 수준의 보장을 받는다고 해요.

인도적 체류 허가는 강제 추방할 경우 생명과 신체에 위협을 받을 위험이 있어 임시로 체류를 허용하는 제도를 말해요. 사회 보장 혜택을 받지 못하지만 취업 활동은 가능하지요. 하지만 난민 지위와 달리 국내로 본국의 가족을 초청할 수 없으며, 예멘의 국가 상황이 좋아져 본국으로 돌아갈 수 있게 되거나 국내외 범죄 사실이 발견 또는 발생될 경우 체류 허가가 취소돼요.

인도적 차원에서 허용한 난민이 문화적·경제적 이유로 기존 사회와 충돌하거나 범죄를 저지를 우려도 있기에 반대하는 사람들도 있어요. 여러분은 이러한 난민을 받아들이는 문제에 대해서 어떻게 생각하나요?

세계는 왜 굶주릴까?

다음 세계 빈곤과 기아에 대한 설명을 듣고 정답을 골라 보세요.

1
2020년 세계 기아지수를 나타낸 지도를 보았을 때 기아 위협을 받지 않는 나라는?

① 인도 ② 북한 ③ 예멘
④ 중국 ⑤ 소말리아

2
세계 기아지수를 측정하는 지표에 해당되지 않는 것은?

① 농사 인구   ② 영양 결핍 인구
③ 저체중 아동   ④ 발육 부진 아동
⑤ 영·유아 사망률

3
다음 중 빈곤과 기아라고 할 수 없는 상황은 무엇일까요?

① 내전으로 인해 집을 잃고 밥을 못 먹고 있어요.
② 배는 고프지만 입맛이 없어서 굶고 있어요.
③ 부모님이 직장을 잃고 아파서 밥을 제때 챙겨 먹을 수가 없어요.
④ 난민 센터에서 일주일치 배급을 받아 생활해요.

정답 ④, ①, ②

🌟 제주도의 난민들

이상해요. 엄마가 깨우지 않았는데도 서연이 눈이 번쩍 떠졌어요. 열린 창틈으로 바닷바람이 들어와서일까요? 사실 서연이는 늦잠꾸러기예요. 아침마다 엄마랑 전쟁을 벌일 정도거든요. 그런데 오늘은 아니에요. 늦잠을 실컷 자도 되는 휴가 기간인데도 일찍 일어났어요.

"와, 시원하다."

서연이는 마당으로 나갔어요. 숙소 마당에서 보이는 바다가 그림처럼 예뻤어요.

"어머, 서연아. 벌써 일어난 거야?"

엄마는 바닷가 쪽으로 산책을 다녀왔나 봐요. 마당에 서 있는 서연이를 보고 깜짝 놀라지 뭐예요.

"공기가 너무 좋아서 그런지 잠이 안 와요."

"제주도로 이사 올까? 서연이 만날 아침에 일찍 일어나게."

엄마는 서연이에게 아침 준비를 같이 하자고 했어요.

휴가 기간 동안 아침은 간단히 먹고 점심과 저녁은 사 먹기로 했어요. 엄마도 모처럼 가족의 식사 준비에서 벗어날 수 있게요.

서연이는 아침으로 나온 오이를 한 토막 깨물으면서 말했어요.

"제주도 당근이랑 오이는 과일처럼 달고 맛있는 것 같아요."

서울에서라면 질색했을 거예요. 서연이는 당근과 오이는 절대 안 먹었거든요. 그런데 제주도에서 먹는 당근과 오이는 왜 이리 아삭하고 달고 맛있는 걸까요?

"아무래도 우리 가족은 제주도로 이사 와야 할 것 같아. 서연이가 제주도에서는 늦잠도 안 자는 데다가 채소도 잘 먹으니까."

아빠도 엄마랑 똑같은 얘길 하지 뭐예요. 엄마랑 서연이는 마주 보고 까르르 웃음을 터뜨렸어요.

"오늘은 오름에도 가 보고 폭포에도 가 보자."

"오름이 뭐예요?"

"한 번 터지고 더 이상 활동이 없는 작은 화산을 말한단다."

아빠의 제안에 엄마랑 서연이는 외출 준비를 했어요.

"우와!"

서연이는 아빠가 왜 오픈카를 타자고 했는지 알 것 같았어요. 뻥 뚫린 차 위의 하늘이 정말 멋있었거든요. 하늘 위에도 바다가 펼쳐진 것처럼 눈이 부시게 파랬어요.

제주도에서 찍는 사진은 어느 곳에서나 멋지고 예쁘게 나오는 것 같았어요.

커다란 공원에서 서연이는 주스를, 엄마와 아빠는 커피를 한 잔 마시며 휴식을 취하고 있을 때였어요.

"어머, 안녕하세요?"

엄마가 지나가는 누군가에게 알은체를 했어요. 제주도에서 아는 사람이라도 만난 걸까요? 먼 여행지에서 아는 사람을 만나다니 이런 우연이 어디 있겠어요? 어, 그런데 엄마가 인사한 사람, 서연이도 낯이 익어요. 누굴까요?

"오늘은 이곳에서 봉사하시나 봐요."

"아, 안녕하세요? 오늘 여기로 관광 오셨나 봐요. 식당으로 오시는 분들도 있지만 그렇지 못한 분들을 위해서 저희가 움직이기도 해요."

그러고 보니 엄마와 인사한 사람은 머리에 수건을 쓰고 앞치마를 두르고 있었어요. 아! 저 아줌마, 어디서 봤는지 기억났어요. 바로 어제 서연이네 가족이 갔던 식당의 주인아줌마예요.

"누구야?"

아빠도 엄마가 인사를 나누는 아줌마가 궁금했나 봐요.

"어제 우리가 해물뚝배기 먹은 식당 주인."

"아! 그런데 이 시간에 여기까지 웬일이래?"

"밥차 가지고 잠깐 나오셨나 봐."

엄마가 가리키는 곳을 보니 커다란 차에 '사랑의 밥차'라고 쓰여 있었어요.

"밥차? 그게 뭐예요?"

"저분이 무료 급식 봉사하시는 것 같더라고. 좋으신 분이지? 제주에 모여 사는 난민들이랑 어려운 분들을 위해서 짬 날 때마다 무료로 식사를 나눠 주신대."

왜 계속 가난해야 할까?

주위를 둘러보니 차 주변에 식판을 들고 줄을 서 있는 사람들이 꽤 많았어요. 서연이는 공항에서 보았던 그 여자애 생각이 또 났어요. 비쩍 마른 몸에 커다란 눈을 가진 아이. 허겁지겁 밥을 먹던 그 아이가 서연이 머릿속에서 지워지질 않았거든요.

"젊은 사람도 꽤 많네."

엄마와 달리 밥차 앞에 줄 선 사람들을 바라보는 아빠의 표정은 별로 탐탁해 보이지 않았어요.

"밥 먹는데 나이가 무슨 상관이야. 요즘 어려운 사람들이 많잖아."

"진짜 어려운 사람이 몇이나 되겠어? 배가 고프면 일을 해야지. 무료 급식소만 찾아다니는 사람들도 꽤 있다고 하더라고. 사람들이 왜 부끄러운 줄을 모를까?"

아빠의 말에 엄마가 발끈 화를 냈어요.

"무슨 말을 그렇게 해? 밥 먹는 게 왜 부끄러운 일이야?"

"당신이야말로 왜 화를 내? 내가 틀린 말 한 것도 아니잖아. 저 사람들 지금 공짜 밥 먹는 거잖아."

"공짜 밥이라니. 말이 너무 심한 거 아냐? 그리고 목소리 좀 낮춰."

엄마가 얼굴을 잔뜩 찡그리며 말했어요. 서연이는 엄마 아빠의 목소리가 높아지는 것 때문에 마음이 조마조마했어요.

"지난번 회사에서 무료 급식 봉사 갔을 때 보니 진짜 너무들 하더라고. 다른 급식소랑 비교해서 반찬 타령 하는 사람부터 수첩에 급식소 스케줄을 주르륵 적어 놓은 사람까지 있더라니까. 그럴 정성이면 일을 해서 돈을 벌어야지."

"진짜요?"

서연이는 아빠의 말에 눈이 동그래졌어요. 아빠 말이 사실이라면 좀 문제가 있는 것 같았어요.

"게으르니까 가난을 면치 못 하는 거

야. 아빠는 말이다. 일하지 않고 남의 도움으로 배를 채우려는 사람들이 딱 질색이거든."

서연이는 아빠 마음을 알 것 같았어요. 아빠는 굉장히 부지런하거든요. 아빠의 부지런함은 엄마는 물론이고 아빠를 아는 사람은 모두 다 인정하는 사실이었어요.

"무슨 소리 하는 거야! 왜 애한테 편견을 심어 주고 그래? 서연아, 아빠 말이 전부 사실인 건 아니야. 절대 오해하지 마."

서연이는 고개를 갸웃거렸어요.

"그런데 엄마 아빠 말이 모두 틀린 것은 아니잖아요. 몸이 불편하거나 아프지 않다면 일을 해서 돈을 버는 게 맞지 않아요? 다른 사람에게 얻어먹기만 하는 건 별로 좋은 일이 아니잖아요."

서연이도 옳고 그름 정도는 판단할 수 있어요. 사회도 배우고 책도 꽤 많이 읽었는걸요.

"오, 역시 내 딸! 서연아, 아빠 말이 바로 그거야! 일할 수 있으면 스스로 일해서 책임을 져야지, 왜 무료 급식소를 찾아다니냔 말이야!"

"여보, 그만하라니까! 서연이한테 자꾸 당신의 그 편협한 사고를 강요하지 말라고!"

엄마가 소리를 꽥 지르자 아빠

도 공원에 있던 사람들도 깜짝 놀랐어요. 엄마는 민망한지 웃으며 사람들에게 고개 숙여 사과를 했어요. 틈틈이 아빠를 째려보면서 말이에요.

"음, 어디서부터 설명해야 할까? 사람이 태어나 살아가는 환경은 모두 같지 않아. 서연아, 그건 너도 알지?"

화가 조금 가라앉았는지 엄마가 차분한 목소리로 말했어요.

"알죠. 저도 그 정도는 다 알아요."

"어떤 사람들은 주어진 환경 때문에 아무리 노력해도 가난에서 벗어날 수 없기도 하단다."

"아니, 대체 왜요?"

서연이는 이해할 수가 없었어요. 열심히 노력하는데 왜 계속 가난해야 해요? 그건 너무 억울하잖아요.

"아프리카를 생각해 보렴. 아프리카의 척박한 자연환경 때문에 진흙 쿠키를 먹어야 하는 아이들도 있잖니."

서연이도 아프리카의 아이들이 먹을 게 없어서 진흙으로 쿠키를 구워 먹는 것을 텔레비전에서 본 적 있어요. 어디 그뿐인가요. 깨끗한 물이 없어서 병에 걸리는 아이들도 많았어요.

"아프리카뿐만이 아니야. 아직도 세계에는 자신이 태어난 나라의 환경 때문에 아무리 열심히 일해도 가난과 빈곤에서 벗어날 수 없는 아이들이 많단다. 절대 게을러서가 아니야. 그러니까 빈곤과 게으름을 무조건 연결시켜서는 안 된다고!"

엄마의 말에 아빠가 민망한지 머리를 긁적였어요.

코로나19가 퍼뜨린 불평등 바이러스

2020년 전 세계를 공포로 몰아넣은 코로나바이러스. 이것으로 인한 경제적 손실이 어마어마한데요. 이것을 회복하는 데 부유층은 9개월, 빈곤층은 10년 이상 걸린다는 연구가 나왔어요. 가난한 사람들은 더욱 가난하게 살 수밖에 없다는 의미지요.

불평등 바이러스

자료: 옥스팜

상위 억만장자 1000명은 코로나19 이전의 최고치로 부를 회복하는 데 불과 9개월밖에 걸리지 않았지만 전 세계 극빈층은 10년 이상 걸릴 수 있다.

2월	3월	11월
100%	70.3%	99.9%

상위 억만장자 1000명의 부의 변화(2020)

전염병이 시작된 이후 불어난 10대 억만장자 재산 증가분만으로 지구상 어느 누구도 바이러스로 인해 빈곤에 빠지지 않도록 막고 모두를 위한 백신 비용을 지불할 수 있다.

미국에서 흑인과 라틴계의 사망률이 백인 수준이었다면, 2020년 12월 기준 약 22000명의 인구는 여전히 살아 있을 것이다.

코로나19 위기로부터 가장 큰 타격을 받은 산업군에서 여성과 남성이 동등한 비율로 고용된다면 1억 1200만 명의 여성이 소득 또는 일자리를 잃을 위험에 처하지 않게 될 것이다.

국제 구호 개발 기후 옥스팜(Oxfam)이 2021년 1월에 발표한 보고서에 따르면, 세계 보건 기구가 코로나19 세계적 대유행(팬데믹)을 선언한 2020년 3월 이전과 이후 최상위 억만장자 1000명의 경제적 상황을 비교한 결과 9개월 만에 99.9% 수준으로 돌아왔다고 설명했어요.

※79개국 295명의 경제학자를 대상으로 진행한 설문 조사 결과

응답자의 **87**%는 COVID-19로 자국의 소득 불평등이 높아지거나 극도로 심화될 것으로 예상했다.

응답자의 **78**%는 COVID-19로 자국의 부의 불평등이 증가 또는 급등할 것으로 예상했다.

응답자의 **56**%는 COVID-19로 자국의 성 불평등이 커질 가능성이 높거나 매우 심화될 것으로 예상했다.

응답자의 **66**%는 COVID-19로 자국의 인종 불평등이 커질 가능성이 높거나 매우 심화될 것으로 예상했다.

응답자의 **67**%는 자국 정부가 COVID-19로 심화된 불평등을 줄이기 위한 계획이 없는 것 같다고 예상했다.

가브리엘라 부커
(옥스팜 인터내셔널 총재)

> 극단적인 불평등은 피할 수 없는 것이 아니라 정책적 선택의 문제다. 전 세계 정부는 빈곤을 종식시키고 지구를 보호하는 보다 평등하고 포용적인 경제를 구축해야 한다. 불평등과의 싸움은 경제 복구 노력의 핵심이 돼야 한다. 소수의 특권층이 아닌, 모든 사람의 이익을 위한 경제의 '새로운 기준(new normal)'이 되어야 한다.

토론왕 되기!

가난 때문에 어린이가 결혼한다고?

아프리카 작은 마을에 사는 11살 소녀는 곧 결혼식을 올리기로 했답니다. 우리나라 나이로 11살이면 초등학교 4학년 정도인데 결혼을 한대요. 우리나라와 문화가 달라서일까요? 문화나 관습이 다르다는 이유로 이른 나이에 하는 결혼을 괜찮다고 할 수 있을까요? 만약 우리나라에서 초등학교 4학년인 어린이가 결혼을 한다고 하면 난리가 날 거예요. 법적으로도 허용되지 않을 뿐더러 부모님도 허락하지 않을 거예요. 우리 친구들도 그렇게 생각하지 않나요?

그런데 이 소녀의 부모님은 마을에 사는 40살 남자와 결혼을 시키기로 했대요. 왜냐고요? 딸을 결혼시키는 조건으로 많은 돈을 받기로 했거든요. 돈 때문에 어린 나이에 아버지뻘의 남자와 결혼해야 하다니! 정말이냐고요? 안타깝게도 정말이랍니다. 먹을 것이 없어 굶어 죽는 사람들에게는 딸아이의 미래나 행복보다는 식구들의 배를 채울 수 있는 돈이 필요하니까요.

만약 여러분이 이 소녀라면 어떻게 하고 싶은가요?

말도 안 돼요! 나는 무조건 도망칠 거야. 고작 11살밖에 안 된 나이에 결혼이라니. 그것도 아버지뻘인 아저씨와의 결혼이라니! 너무나 끔찍해요!

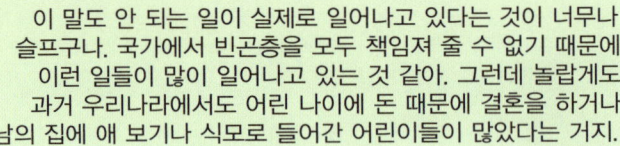
이 말도 안 되는 일이 실제로 일어나고 있다는 것이 너무나 슬프구나. 국가에서 빈곤층을 모두 책임져 줄 수 없기 때문에 이런 일들이 많이 일어나고 있는 것 같아. 그런데 놀랍게도 과거 우리나라에서도 어린 나이에 돈 때문에 결혼을 하거나 남의 집에 애 보기나 식모로 들어간 어린이들이 많았다는 거지.

우리나라에서도 그런 일이 있었단 말이에요?

한 나라 안에서도 빈곤 지역에서는 여전히 일어날 수 있는 일이기도 해. 몇십 년 전 일이라고는 하는데, 중국에서도 그런 경우가 있었다고 들었거든. 북한에서도 어린이들이 배고픔 때문에 꽃제비(일정한 거주지 없이 먹을 것을 찾아 떠돌아다니는 북한의 어린아이들을 이르는 말)가 되기도 했고.

최근 인도는 코로나19 대유행에 따른 봉쇄 조치로 경제 활동이 중단되면서 빈곤층이 급증하기 시작했다고 해요. 학교도 쉬게 되니까 일자리를 잃은 부모를 돕기 위해 길거리에서 장사를 하는 아이들도 늘어났지요.

인도에서는 14세 미만 어린이들의 노동을 금지하고 있지만, 현재까지도 1000만여 명에 달하는 아이들이 법망을 피해 일터로 내몰리고 있는 상황이에요. 여자아이들의 경우엔 조혼을 하게 되고요. 인도에서는 만 18세 미만 청소년·어린이들의 결혼을 금지하지만, 유니세프는 연간 150만 명 이상의 청소년들이 조혼을 강요당하는 것으로 파악하고 있어요. 코로나19 사태로 경제적 어려움이 커지자 어린 딸을 시집보내는 대가로 경제적 지원을 받거나 식솔을 줄이는 것이지요.

자기 뜻대로 결정할 수 없는 어린이가 가난 때문에 폭력에 시달리거나 강제로 결혼하게 되는 상황이 너무 슬프지 않나요? 여러분은 가난이 누구 탓이라고 생각하나요? 열심히 일하면 무조건 극복할 수 있는 문제일까요?

무엇일까요?

극심한 빈곤을 겪다 보면 인간으로서 당연히 누려야 할 권리들을 누릴 수 없어 더 힘들어져요. 다음 세계 인권 선언문의 내용 중에서 빈곤 때문에 누릴 수 없게 되는 권리에 해당되지 않는 것은 무엇일까요?

1 모든 사람은 교육받을 권리가 있어요. 초등 교육과 기초 교육은 무상이어야 하며, 특히 초등 교육은 의무적으로 실시해야 해요.

2 모든 사람은 먹을거리, 입을 옷, 주택, 의료, 사회 서비스 등을 포함해 가족의 건강과 행복에 적합한 생활 수준을 누릴 권리가 있어요.

3 모든 사람은 태어날 때부터 자유롭고, 존엄하며, 평등해요.

4 모든 사람은 일할 권리, 자유롭게 직업을 선택할 권리, 공정하고 유리한 조건으로 일할 권리, 실업 상태에서 보호받을 권리가 있어요.

5 모든 사람은 자유를 보장받기에 일하지 않고 게으를 수 있는 권리를 지녀요.

아프리카에 사는 야우

 모처럼 학교도 학원도 안 가는 토요일 오후, 같은 아파트 옆 동에 사는 효주가 서연이를 초대했어요. 서연이는 제주도에서 사 온 초콜릿을 선물로 가지고 갔어요. 효주는 서연이가 건넨 한라봉초콜릿을 보고 엄청 기뻐했어요. 효주 부모님이 잠시 아파트 공원에서 운동하는 동안 효주와 서연이는 그동안 쌓인 이야기를 늘어놓았지요.
 "와, 진짜 한라봉 맛이 난다. 정말 맛있어. 고마워."
 초콜릿을 씹으면서도 효주는 몇 번이나 고맙다는 말을 했어요. 효주는 세상에서 초콜릿이 제일 좋대요. 효주와 서연이는 초콜릿 한 통을 다 먹으며 수다를 떨었어요.

"효주야, 너 엄청 부자다."

목이 말라서 주방으로 나와 물을 꺼내 마시던 서연이는 식탁에 놓인 저금통을 보고 깜짝 놀랐어요. 투명한 저금통에 동전이 꽉 차 있었거든요.

"그 저금통, 아주 특별한 저금통이야."

"특별한 저금통? 그게 뭔데?"

동전으로 꽉 찬 그냥 평범해 보이는 이 저금통이 왜 특별하다는 걸까요? 아주 오랫동안 모은 저금통이라는 의미일까요?

"이거 아프리카에 있는 내 동생 친구들한테 보내 줄 거거든."

아프리카? 동생? 동생 친구? 서연이의 머릿속에는 순식간에 물음표가 여러 개 생겼어요. 효주에게는 동생이 없어요. 서연이도 효주도 외동딸이라 친해진걸요. 그런데 아프리카에 있는 동생이라뇨? 게다가 저렇게 많이 모은 돈을 효주 동생이 아니라 동생 친구들한테 보낸다고요? 비싼 걸 사고 싶어 모은 게 아니라고요?

"너 동생 없잖아."

제일 첫 번째로 궁금한 질문부터 해결하기로 했어요.

"응, 진짜로는 없지. 아니, 없었지. 그런데 생겼어. 내 동생."

"그게 무슨 말이야?"

서연이는 자꾸 알쏭달쏭 퀴즈를 내는 효주 때문에 고개를 갸우뚱거렸어요.

"엄마랑 아빠가 아프리카에 있는 '야우'라는 아이를 후원하게 되셨어. 그래서 야우가 내 동생이 된 거야. 야우는 형편이 어려워서 학교에 못 다녔대. 아픈 엄마랑 동생들을 돌봐야 하거든. 야우가 사는 곳엔 물도 없대. 먹을 물이 없어서 사람들이 죽어 간대."

효주의 이야기에 서연이는 눈만 깜빡거렸어요. 서연이랑 효주보다 어린 9살 야우의 이야기가 너무 놀라워서요. 꼭 옛날 동화책 속에 나오는 얘기 같았어요. 서연이는 좀처럼 믿을 수가 없었어요. 마트에만 가도 먹을 게 넘쳐 나는걸요. 물도 그래요. 어느 집에서나 손잡이만 당기면 물이 콸콸 나와요. 먹을 물뿐만 아니라 씻을 물도요. 그런데 먹을 물조차 구하기가 힘들다고요?

"나도 처음엔 솔직히 엄마 아빠가 다른 나라의 아이를 내 동생이라고 하는 것도 싫고, 또 후원금을 준다는 것도 싫었어."

효주의 솔직한 고백에 서연이는 더 궁금했어요. 아니, 왜 다른 나라 아이를 동생이라고 하고 돈까지 보내 주죠? 사정이 안타깝고 불쌍하긴 하지만요.

"그런데 야우의 이야기를 듣고 또 야우의 사진까지 보니까 마음이 그렇더라. 가난하다는 게 이렇게 비참하고 슬프고 괴로운 건지 상상도 못했어. 그냥 돈이 조금 없는 정도의 가난과 아프리카 아이들의 가난은 차원이 다르더라."

나도 후원하고 싶어요!

10월 17일은 '세계 빈곤 퇴치의 날'이에요. 1992년 국제 연합(UN)에 의해 제정되었지요. 2015년 새롭게 결정된 유엔 지속 가능 발전 목표(SDGs)에서는 2030년까지 절대 빈곤을 퇴치하고, 빈곤 인구를 50% 감축하는 것을 목표로 하고 있어요.

최초의 '빈곤 퇴치의 날'을 주도한 조셉 레신스키 신부는 빈곤이 인권의 문제이며, 이는 우리 모두의 책임이라고 강조했어요. 빈곤 문제를 남의 일이라고 생각한다면, 그저 좋은 일을 하는 캠페인에 그칠지도 몰라요. 책임감을 갖는다는 건 가난한 이들의 손을 마주 잡고 함께 이겨 내겠다는 마음가짐일 거예요.

자료: ATD Fourth World

여러분도 세계의 절대 빈곤 퇴치에 동참하고 싶다고요? 다음과 같은 후원 단체를 살펴보세요.

유니세프는 1946년 12월, 유엔 총회의 결의에 따라 전쟁 피해 아동과 청소년들의 구호를 위해 설립된 기구예요. 기금을 모아 가난한 개발 도상국이나 제3세계 국가들의 빈민 가정 아동들을 위한 구호품을 공급하고 있지요. 1948년 문을 연 초록 우산 어린이 재단은 고아 구호 사업 등 아동 복지 사업을 전개하는 국제 어린이 재단 연맹의 회원 기관이에요. 현재 22개국 아이들을 지원하고 있답니다.

효주가 보여 준 사진을 보니 서연이도 기분이 이상해졌어요. 9살이면 서연이와 한 살 차이예요. 그런데 야우는 너무 작고 말라 보였어요. 당장에라도 눈물을 흘릴 것 같은 눈을 보고 있자니 이상하게도 서연이까지 목이 메었어요.

"사실 이번 저금통이 두 번째 저금통이야. 야우랑 동생들을 생각하면서 용돈을 아껴서 모으고 있어. 저금통이 차오르는 걸 보면 내 마음도 풍족해지는 것 같고 뿌듯하더라."

"그럴 것 같아."

서연이는 효주가 되게 멋져 보이고 부럽기까지 했어요.

"서연이 너도 후원할래?"

"어? 나도?"

효주의 제안에 서연이는 가슴이 콩닥콩닥 뛰었어요.

"그래, 너도 하자. 우리 함께하자."

효주는 방에 들어가더니 후원 단체에 관련된 팸플릿을 가지고 나왔어요. 여러 후원 단체마다 어떤 방식으로 어린이들을 후원하는지 자세하게 설명해 주었지요.

서연이는 보물이라도 되는 듯이 그 팸플릿을 품에 안고 집으로 돌아왔어요. 얼른 아빠, 엄마한테 보여 드리고 서연이도 효주처럼 멋진 일을 하고 싶다는 생각이 들었어요.

나도 동생이 생겼어요!

"엄마, 엄마!"

서연이는 신발을 벗자마자 엄마를 다급하게 불렀어요.

"왜? 무슨 일이야?"

"혹시 서연이한테 무슨 일 생겼어?"

저녁 준비를 하던 엄마는 물론이고 안방에 있던 아빠까지 놀라 거실로 나왔어요.

"나도, 동생, 나도 후원할래."

서연이는 엄마 아빠한테 다짜고짜 팸플릿부터 내밀었어요. 그러고는 앞뒤 설명도 다 빼먹고 후원하겠다고 졸랐어요.

"가만 보자. 이거 아프리카 아이들 후원하는 단체네. 와우! 서연이가 후원에 관심을 갖다니! 멋지다. 엄마도 생각만 했었는데 이번 기회에 실천해야겠다."

엄마는 팸플릿을 꼼꼼히 들여다보였어요.

"이런 거 하지 마."

아빠는 단박에 반대했어요. 팸플릿을 제대로 보지도 않고 고개부터 젓는 아빠가 서연이는 이해되지 않았어요.

"왜요?"

"우리나라 애들을 도와야지. 뭐 하러 남의 나라 애들을 도와. 우리나라에도 어려운 애들이 얼마나 많은데."

아빠 말을 듣고 보니 맞는 것 같기도 했어요. 어려운 누군가를 돕는다면 먼 나라 아이가 아니라 우리나라 아이를 돕는 것도 괜찮을 것 같았어요. 누군가를 돕는다는 것은 마찬가지니까요.

"그럼 나 우리나라의 어려운 애들을 후원할래요. 하게 해 주세요."

서연이의 말에 아빠는 잠시 생각에 잠기더니 말했어요.

"그런데 저런 후원 단체들 중에 이상한 곳이 많아. 서연아, 남을 돕는 것도 잘 알아보고 해야 해. 자칫 잘못하다간 이상한 단체들의 배만 불려 줄 수도 있어."

"네? 그게 무슨 소리예요?"

서연이는 아빠의 말이 이해가 가지 않아 고개를 갸웃거렸어요. 후원 단체가 이상하다고요? 어떻게 이상하다는 걸까요?

"당신은 왜 이렇게 편견에 사로잡혀 있어? 서연이한테 그렇게 말하면 어떻게 해?"

엄마의 목소리가 높아졌어요.

"아니, 편견이 아니라 실제 그런 일 있었잖아. 당신도 뉴스 봤잖아. 이런 거 잘 알아보고 해야 된다니까."

아빠가 머리를 긁적이며 엄마 눈치를 봤어요.

"서연아, 아빠 말은 이왕 후원하려면 잘 알아보고 해야 한다는 뜻이야. 우리가 아프리카의 사정을 잘 모르니까 후원 단체를 믿고 돈을 보

빈곤은 아동들에게 어떤 영향을 미칠까요?

첫 번째, 건강에 영향을 끼칠 수 있어요. 가난하면 제대로 먹을 수 없기 때문에 영양 상태가 좋을 수가 없어요. 영양 상태가 나쁘니 당연히 면역력이 약하겠죠? 면역력이 약하면 이런저런 질병에 노출되기도 쉽지요. 아프리카처럼 물이 부족한 국가에 사는 아이들은 피부 질환에도 걸리기 쉬워요. 사실 병에 걸리는 것보다 더 큰 문제는 돈이 없어서 치료를 제때 받지 못해 치료 시기를 놓치는 것이에요.

두 번째, 심리적으로 불안할 수 있어요. 경제 사정이 어렵다 보니 부모와 떨어져 있는 시간이 많아요. 혹은 부모와 아예 떨어져 사는 경우도 있지요. 그렇다 보니 사랑받거나 보호받는다는 느낌을 받지 못해 불안감도 많이 느끼고 자신감도 부족해져요. 보살핌 없이 자라기 때문에 가출이나 자살 충동도 많이 느낀다고 해요.

세 번째, 가족이 해체된 경우가 많아요. 경제적으로 어려움이 많아서 가족들이 모여 살기보다는 떨어져 사는 경우가 많고, 부모에게 양육되기보다 할아버지나 할머니에게 맡겨져요. 이런 불안정한 상황 때문에 자아 존중감이 낮아져 정서적으로 불안한 경우가 많아요.

네 번째, 어린이로서 당연히 누려야 할 권리인 교육에서 배제될 수 있어요. 어린이라면 누구나 당연히 누려야 할 권리인데도 빈곤 때문에 받아야 할 교육을 받지 못하는 아이들도 많아요. 전 세계의 빈곤한 아이들은 학교에 가지 못하고 경제 활동을 해야 하는 경우가 무척 많다고 해요.

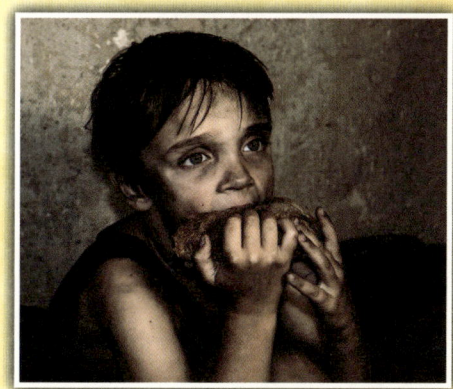

생각보다 빈곤이 어린이들에게 많은 영향을 끼치고 있지요? 빈곤은 어린이들의 힘으로 해결할 수 없기 때문에 누군가의 도움이 꼭 필요해요.

소중한 기부금, 제대로 쓰이고 있을까요?

일부 기부 단체가 투명하지 않은 경영을 한다는 소식을 들을 때마다 기부하기가 망설여질 거예요. 서연이 아빠가 해외 빈곤 아동을 돕지 않는 것도 그런 이유에서이지요. 비영리 단체의 경우, 전체 후원금의 80%를 고유 목적 사업에 사용하는 것이 적절하다는 암묵적인 룰이 있다고 해요. 기부자 입장에서는 기부금 전체가 어려운 사람을 위해 쓰인다고 생각하겠지만 일부는 운영비와 관리비, 홍보비 등으로 사용될 수밖에 없어요. 문제는 일부 단체들이 후원금을 투명하게 관리하지 않고 관리비와 운영비로 상식적이지 못한 금액을 사용하다 보니 후원자들의 신뢰를 잃는 것이지요.

그러므로 후원할 단체를 선택하는 것도 중요하고, 그 단체에서 발행하는 소식지나 보고서 등을 꼼꼼하게 챙겨 보는 것도 매우 중요하답니다.

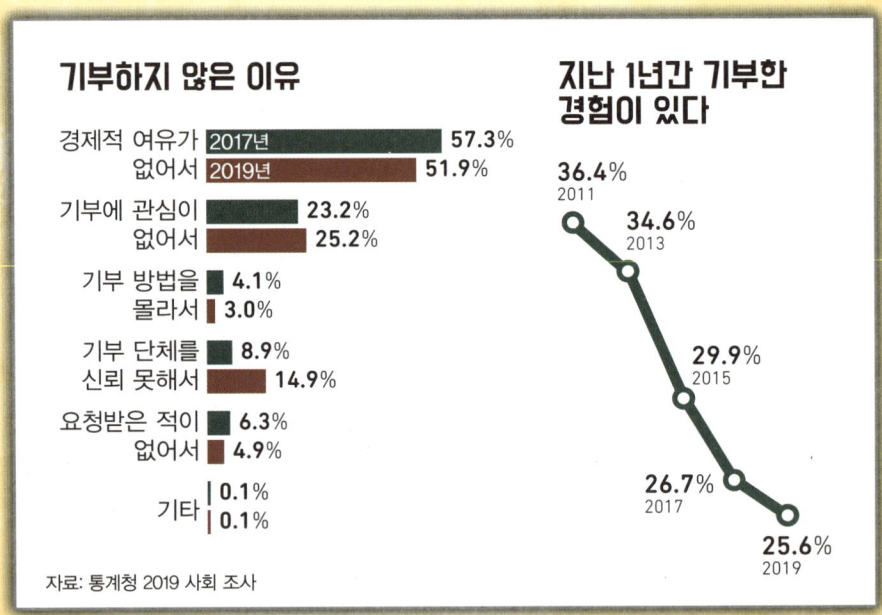

도움의 손길이 필요해요, 세계 빈곤 아동

내는 건데, 만약 후원 단체가 나쁜 마음을 먹으면 사람들이 기부한 돈을 제대로 전달하지 않고 빼돌릴 수도 있잖아. 예전에 그런 사례가 있었거든. 그래서 아빠가 걱정돼서 한 말이야. 하지만 모든 단체가 그런 것은 아니니까 미리 색안경 쓰고 걱정할 필요는 없어."

엄마 말을 들으니 서연이는 아빠가 뭘 걱정하는지 알 것 같았어요.

"암튼 잘 알아보고 우리나라 아이한테 후원해."

아빠는 여전히 먼 나라의 아이를 후원하는 것은 반대했어요.

"어느 나라의 아이가 됐건 우리의 도움이 꼭 필요한 아이를 찾아보자. 한번 후원을 시작하면 아이가 대학을 졸업하거나 목표한 바를 이룰 때까지 후원해야 하니 신중하게 선택해야지."

엄마의 말에 서연이는 팸플릿을 더 꼼꼼하게 들여다보았어요.

빈곤 퇴치는 전 세계인의 목표

유엔은 2015년 지속 가능 개발 목표(SDGs)를 발표했어요. 절대 빈곤 퇴치, 양질의 교육 환경, 식수와 위생 등 총 17가지 목표이지요. 현재 세계의 약 10억 명이 최빈곤층이고, 그중 절반이 아동이에요.

아동의 1/4은 발육 부진으로 생명의 위협을 받기도 하며, 600만 명의 어린이가 5살이 되기 전 사망한다고 해요. 이처럼 개발 도상국 아동들은 기본적인 권리도 보장받지 못하는 '절대적 빈곤' 속에 놓여 있어요.

한국 역시 전 세계로부터 많은 도움을 받고 성장한 나라예요. 6.25 전쟁 전후 한국은 전 세계로부터 많은 도움을 받았어요. 월드비전이나 초록우산 어린이재단 모두 한국 전쟁 전후 들어와 우리나라 어린이들을 도왔지요. 이후 43년간 여러 나라와 비영리 단

1 빈곤 퇴치
모든 국가에서 모든 형태의 빈곤 종식

2 기아 문제 해소
기아의 종식, 식량 안보 확보, 영양 상태 개선 및 지속 가능 농업 증진

3 건강한 환경 조성
모든 사람의 건강한 삶을 보장하고 웰빙(well-being)을 증진

4 교육의 질 향상
모든 사람을 위한 포용적이고 형평성 있는 양질의 교육 보장 및 평생 교육 기회 증진

5 성평등 실현
성평등 달성 및 여성·여아의 역량 강화

6 식수·위생 문제 해결
모두를 위한 식수와 위생 시설 접근성 및 지속 가능한 관리 확립

7 청정 에너지 실현
모두에게 지속 가능한 에너지 보장

8 경제 성장·일자리 증진
지속적·포괄적·지속 가능한 경제 성장 및 생산적 완전 고용과 양질의 일자리 증진

체의 도움을 받으며 성장한 우리나라이기에, 외국 아동을 돕는 것은 매우 의미 있는 일이라고 할 수 있어요.

9 산업 구조 혁신
건실한 인프라 구축, 포용적이고 지속 가능한 산업화 진흥 및 혁신

10 불평등 감소
국가 내·국가 간 불평등 완화

11 지속 가능한 도시 조성
포용적인·안전한·회복력 있는·지속 가능한 도시와 거주지 조성

12 지속 가능 소비·생산 양식 확립 ∞
지속 가능한 소비 및 생산 패턴 확립

13 기후 변화 대응
기후 변화와 그 영향을 대처하는 긴급 조치 시행

지속 가능 발전(SDGs) 목표(2016~2030년)

17가지

*새천년 개발 목표(MDGs, 2000~2015년) 종료에 따라 2015년 9월 유엔 지속 가능 발전 정상 회의에서 채택. 인류 보편적 문제, 지구 환경 문제, 경제 사회 문제를 해결하기 위한 의제

14 해양 자원 보존
지속 가능 발전을 위한 해양·바다·해양 자원 보존과 지속 가능한 사용

15 육상 생태계 보호
육지 생태계 보호와 복구 및 지속 가능한 수준에서의 사용 증진 및 산림의 지속 가능한 관리, 사막화 대처, 토지 황폐화 중단 및 회복, 생물 다양성 손실 중단

16 평화 및 정의 실현
지속 가능 발전을 위한 평화적이고 포괄적인 사회 증진과 모두가 접근할 수 있는 사법 제도, 모든 수준에서 효과적·책무성 있는·포용적인 제도 구축

17 글로벌 파트너십 강화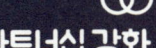
이행 수단 강화 및 지속 가능 발전을 위한 글로벌 파트너십 재활성화

토론왕 되기!

우리 주변엔 어떤 어려운 사람들이 있을까?

우리나라는 국민 소득이 높아지고 생활 수준이 높아져 선진국 반열에 들었다고 해요. 하지만 아직도 주변을 둘러보면 어렵게 사는 사람이 많아요. 돈이 없어 밥을 굶는 사람들도 많지요. 어떤 상황이길래 돈이 없어 밥을 굶는 것일까요? 서연이 아빠의 말처럼 일하기 싫어하고 게을러서일까요?

우리나라는 어려운 사람들을 위해 법적으로 도움을 주고 있어요. 기초 생활 수급 생계 지원이라는 것이 있거든요. 하지만 법적인 보호자가 있으면 도움을 받을 수 없어요.

수영이(가명)는 아빠가 있지만 연락이 끊어진 지 오래예요. 그래서 노령 연금을 받는 할아버지와 어렵게 살아요. 하지만 노령 연금으로는 할아버지와 수영이가 삼시 세끼를 먹으며 지내기 어려워요. 이것도 수영이와 할아버지가 게으르기 때문에 가난한 걸까요?

부유한 사람들은 영원히 부유하게 살까요? 그렇지 않은 경우도 많아요. 사업이 부도나거나 큰 병에 걸리면 한순간에 경제적으로 어려움에 빠질 수 있어요. 미나(가명)는 다른 친구들처럼 유치원에도 다니고 따뜻한 물이 펑펑 나오는 아파트에서 살았어요. 아빠가 병을 얻어 쓰러지시기 전까지는요. 병 때문에 아빠가 일을 못 하게 되자 가정 형편은 한순간에 어려워지고 말았어요. 아

빠의 치료비로 전 재산을 다 써 버렸거든요. 엄마가 식당에 나가서 일을 하지만 아빠의 약값을 대기에도 모자라요. 미나네 역시 게으르거나 흥청망청 돈을 써서 가난해지고 밥을 굶게 된 것이 절대 아니랍니다.

재영이(가명)는 어릴 때 교통사고로 부모님을 모두 잃었어요. 천만다행인 건 할아버지와 할머니가 재영이를 돌봐 주었다는 거예요. 그런데 요즘 재영이는 걱정이 많아졌어요. 공사장에서 일을 하던 할아버지가 넘어져서 큰 수술을 받았는데요. 병원비가 많이 든다면서 울먹이는 할머니를 보니 어린 재영이의 마음도 편하지가 않아요. 학교에서 나오는 급식을 꾹 참고 챙겨 오는 것 말고는 재영이가 할 수 있는 일이 없거든요. 재영이네의 가난은 누구 탓일까요?

3장 특별한 저금통

가로세로 낱말 퀴즈

지금까지 배운 내용으로 가로세로 낱말을 풀어 볼까요?

가로 열쇠

① 전쟁이나 재난 따위를 당하여 곤경에 빠진 국민을 말해요.
② 가난하여 살기가 어려움.
④ 일정한 지역에서 여러 해에 걸쳐 나타난 기온, 비, 눈, 바람 따위의 평균 상태를 말해요.
⑥ 옷과 음식과 집을 통틀어 이르는 말로, 인간 생활의 세 가지 기본 요소예요.
⑧ 노동력을 제공하고 얻은 임금으로 생활을 유지하는 사람을 말해요.

세로 열쇠

③ 사정이 몹시 딱하고 어려움. 또는 그런 일.
⑤ 뒤에서 도와주는 것을 말해요.
⑦ 인간의 존엄성을 최고의 가치로 여기고 인종, 민족, 국가, 종교 따위의 차이를 초월하여 인류의 안녕과 복지를 꾀하는 것을 이상으로 하는 사상이나 태도를 말해요.

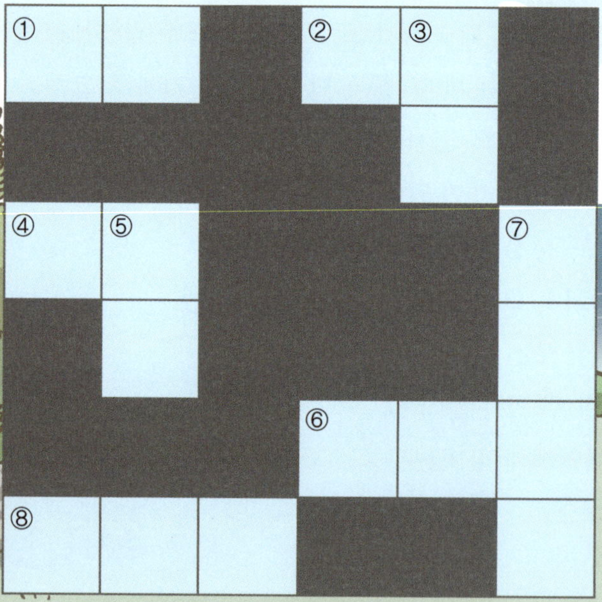

정답 ① 난민 ② 빈곤 ③ 곤란 ④ 기후 ⑤ 후원 ⑥ 의식주 ⑦ 인도주의 ⑧ 노동자

 후원 금액 정하기

"엄마, 우리 여기에다 표시해요."

서연이가 가리킨 금액을 본 엄마가 고개를 저었어요.

"서연아, 이건 우리 가족에게 조금 부담스러운 금액이야."

"왜요? 왜 이게 부담스러워요?"

서연이는 엄마의 반응이 이해가 되지 않았어요. 엄마도 일하고 아빠도 일하시는데 이 정도 금액을 낼 수 있을 거라고 생각했거든요.

서연이네 가족은 며칠 전 '리야'라는 친구에게 후원을 하기로 결정했어요. 엄마 아빠가 한참 이야기를 나누고 고민한 끝에 결정했지요. 그런데 후원 금액을 두고 엄마 아빠와 서연이 사이에서 의견 차이가 좁혀지지 않았어요.

"이왕이면 많이 후원해 주기로 해요."

서연이는 많은 금액을 후원하지 않으려는 엄마 아빠가 너무 쩨쩨하게 느껴졌어요.

"엄마, 조금만 더 해요. 이 돈은 너무 적잖아요. 네?"

서연이가 계속 졸랐지만 엄마 아빠는 단호했어요. 그래서 결국 후원 금액은 엄마 아빠가 정한 금액으로 하게 됐어요.

"서연아, 누군가를 후원하겠다고 마음먹는 건 사실 엄청난 일이야. 그 사람의 인생을 함께 오랫동안 지켜보겠다고 결심하는 거니까. 그냥

한 번만 도와줄 거면 큰 금액을 해도 괜찮아. 하지만 후원은 지속적인 것이 가장 중요하기 때문에 잘 결정해야 해. 희망을 줬다가 뺏으면 안 되잖아. 그렇기 때문에 쉽게 후원을 그만둬서는 안 돼. 너무 무리한 금액을 하는 것보다는 오랜 기간 할 수 있도록 부담 없는 금액을 정하는 게 좋아."

"맞아, 아빠도 엄마 말에 동감해. 서연아. 우리가 많은 금액을 몇 달만 해 주고 마는 것은 리야에게 의미가 없어. 적은 금액이라도 리야가 어른이 돼서 경제적으로 자립을 할 수 있을 때까지 힘이 되어 주는 게 더 의미 있어."

그리고 무엇보다 우리 나라 돈의 가치와 리야가 사는 에티오피아 돈

후원을 도와주는 통장이 있다고?

세계 빈곤 노트

우리나라에는 '디딤씨앗통장'이라는 제도가 있는데요. 저소득층 아동(또는 보호자나 후원자)이 매월 일정 금액을 저축하면 국가 또는 지자체에서 같은 금액(월 5만 원 한도)을 적립해 주는 제도예요. 아동이 준비된 사회인으로 성장할 때까지 도와주는 거지요. 만 18세 미만의 아동 양육 시설 보호 아동, 공동 생활 가정 보호 아동, 가정 위탁 보호 아동, 장애인 생활 시설 아동, 소년 소녀 가정 아동, 기초 생활 수급 가구 아동이 개설할 수 있다고 해요. 가난이 되물림되지 않도록 저소득층 아동에게 도움을 주는 제도이므로 자매결연을 맺고 후원해 줄 수도 있답니다.

의 가치가 조금 다르대요. 그래서 우리한테는 조금 적게 느껴지는 돈이지만 리야에게는 의미 있고 도움이 되는 돈이라는 거예요. 그래서 서연이는 엄마 아빠의 의견을 따르기로 했어요.

서연이는 저금통을 마련했어요. 효주처럼 저금통에 돈을 모아 리야의 친구들에게 보내 주기 위해서지요. 후원 활동을 하지 않을 때에는 잘 몰랐던 감정이 서연이의 마음을 가득 채웠어요. 누군가를 돕는다는 건 정말 의미 있고 좋은 일인 것 같아요. 그래서인지 서연이는 자꾸만 누군가를 돕고 싶어지지 뭐예요. 그리고 이런 좋은 일을 하고 있다는 것을 혼자 알고 있기보다는 주변 사람들에게도 알리고 싶어졌어요.

서연이는 할아버지, 할머니, 삼촌, 이모, 고모한테 전화해서 후원 얘기를 했어요. 대견하다고 칭찬받는 것도 기뻤고, 좋은 일이니까 모두

다 같이 하면 좋을 것 같았지요.

그런데 서연이가 전화할 때마다 엄마가 말리는 거예요.

"서연아, 누군가를 돕거나 후원하는 건 많은 고민이 필요한 일이야. 강요로 되는 게 아니야."

서연이는 서연이를 말리는 엄마도 답답하고, 서연이의 이야기를 안 들어주는 친척들도 답답했어요. 서연이가 그렇게 열심히 설명하는데도 할머니도 이모도 단박에 후원을 딱 거절했거든요. 사실 삼촌도 생각해 본다고 하고는 지금껏 연락도 없어요.

다들 왜 그렇게 매정할까요? 누군가를 돕는 게 그렇게 망설여지고 어려운 일일까요?

가난은 불쌍한 게 아니야

"엄마, 저 천 원만 주세요."

며칠 후, 마트에 다녀온 서연이가 갑자기 엄마를 졸랐어요.

"왜 또?"

엄마는 얼굴을 찡그렸어요. 사실 마트에서도 엄마는 서연이 때문에 몇 번이나 지갑을 열어야 했거든요. 서연이가 군것질거리나 장난감을

사 달라고 졸라서일까요?

아니에요. 서연이가 자꾸만 엄마에게 돈을 달라고 한 건 좋은 일을 하기 위해서였어요. 길을 가다 보면 구걸을 하는 사람들을 만날 때가 있거든요. 오늘은 유난히 자주 만났지 뭐예요. 그때마다 서연이는 그냥 지나치지 못하고 엄마에게 계속 돈을 달라고 했지요.

"엄마, 빨리 주세요. 빨리요."

서연이가 또 누굴 발견했나 봐요. 엄마가 고민할 틈도 없이 엄마의 손에서 천 원을 빼앗듯이 가져갔어요. 그러고는 마트 앞 육교 앞에 앉아 있는 할머니의 바구니에 넣었어요.

"뭐 주랴?"

"네?"

그런데 천 원을 받은 할머니가 서연이에게 뭐가 필요하냐고 물어보지 뭐예요? 가만 보니 할머니 앞에는 여러 종류의 푸성귀가 조금씩 쌓여 있었어요. 서연이는 당황한 표정을 지었어요. 할머니가 구걸을 하고 있다고 착각한 거예요.

"아, 저, 저기 고추 주세요."

뒤따라온 엄마가 고추를 가리켰어요.

"고추는 이천 원이야."

"네. 여, 여기요."

엄마는 할머니에게 천 원을 더 건넸어요. 그리고 할머니와 거리가 멀어지자 서연이에게 말했어요.

"서연아, 자꾸 왜 그러는 거야?"

서연이는 입을 삐죽 내밀었어요. 엄마가 서연이의 마음을 몰라주고 야단치려는 것 같아서예요. 척 보면 척이잖아요. 서연이가 왜 그러겠어요. 어려운 사람을 돕고 싶은 마음에 그러는 거지요. 물론 방금 만난 할머니는 서연이가 착각하는 바람에 난처할 뻔했지만요. 그래도 잘 넘어갔잖아요.

"서연아, 이 세상 모든 사람들이 가난하다고 다 불쌍한 건 아냐. 그리고 가난하다는 이유로 무조건적으로 동정하면 안 돼."

"네?"

서연이는 엄마 말을 잘 이해할 수 없었어요.

"동정보다는 그 사람의 상황을 제대로 파악해서 적절한 도움을 주는 게 진짜 필요해. 동정심으로 누군가를 한두 번 도와주고 마는 건 도움이 안 된단다."

"동정심이 나쁜 거예요?"

서연이는 가난 때문에 고통받는 사람들이 불쌍해요. 세상에는 맛있는 게 엄청 많잖아요. 그런데 돈이 없어서 밥도 제대로 못 먹고, 학교도 못 간다니 너무 불쌍하잖아요.

"서연아, 동정심이 나쁘다는 얘기가 절대 아니야. 누군가를 안타까워하고 불쌍하게 생각하는 마음이 나쁠 수는 없지. 그런데 빈곤 상태에서 빠져나오려면 동정심보다는 더 큰 게 있어야 한다는 얘기야."

들으면 들을수록 서연이는 왜 엄마의 말이 어렵게만 느껴질까요?

"동정심보다 더 큰 게 뭐예요? 엄마, 너무 복잡하게 설명하니까 이해가 안 돼요."

엄마는 곰곰이 생각하더니 말했어요.

"우리나라는 6.25 전쟁 후 몹시 힘들었을 때 세계 각국의 원조를 받았거든. 그런데 그 원조 속에는 단순한 도움 이상의 것이 있었어. 우리가 우리 힘으로 경제 활동을 할 수 있도록 도와주었거든."

"우리 힘으로 경제 활동을 할 수 있도록 도와주었다고요?"

엄마는 벤치에 앉았어요. 아무래도 이야기가 길어질 것 같아서예요. 엄마는 장바구니에서 꺼낸 바나나 우유를 서연이에게 건넸어요.

"물고기를 잡아 주지 말고 물고기 잡는 법을 가르쳐 주라는 말이 있거든. 배고픈 사람에게 물고기를 몇 번 잡아 주는 것보다는 그 사람 스스로가 배고플 때마다 물고기를 잡아먹을 수 있도록 알려 주는 게 좋다는 이야기야."

엄마의 말에 서연이는 고개를 끄덕였어요. 엄마가 어떤 말을 하는지 조금은 알 것 같았거든요.

"아무튼 전 가난한 사람들을 돕고 싶어요. 지금은 제가 뭘 가르쳐 줄 수 없잖아요."

"가난하다고 무조건 불쌍히 여기고 동정심을 갖는 건 위험해. 그리고 가난에는 절대적 가난과 상대적 가난이 있거든."

"네? 그런 게 있어요?"

"절대적 가난이란 최소한의 생활도 유지하기 힘든 상태의 가난함이고, 상대적 가난은 주변의 다른 사람들보다 적게 가지고 있는 것을 말해. 우리나라 평균 소득의 반 아래면 상대적으로 가난한 사람이 되는 것인데 이 사람들을 모두 도와주기는 힘들잖니. 그렇기에 일시적인 도움보다는 법률이나 제도를 고쳐서 그들이 가난을 벗어날 수 있게 이끌어 주는 것이 더욱 중요하다는 것이야."

그제서야 서연이는 엄마가 하려는 말을 이해했어요. 하지만 이대로 물러날 서연이는 아니었죠.

"그래도 저는 가난한 사람들을 도와주고 싶어요."

엄마는 '못 이기겠네.' 하는 표정으로 엷은 미소를 지었어요. 서연이는 남은 바나나 우유를 마시면서 자기 힘으로 할 수 있는 후원에는 무엇이 있을지 곰곰이 생각했어요.

상대적 빈곤과 절대적 빈곤

세계 빈곤 노트

빈곤에도 종류가 있어요. 모두가 빈곤을 느끼는 절대적 빈곤과 상대적으로 빈곤함을 느끼는 상대적 빈곤이지요. 환경적으로 먹을 것이 부족한 아프리카나 소말리아의 국민들은 대부분 절대적 빈곤을 느끼고 있지요.

상대적 빈곤은 상대에 비해 빈곤함을 느끼는 것을 말해요. 예를 들어 만 원을 갖고 있는 사람이 십만 원을 갖고 있는 사람을 만나게 됐을 때, 십만 원을 가진 사람보다 만 원밖에 없는 자신이 빈곤하다고 느끼는 것이 바로 상대적 빈곤이지요. 경제가 성장함에 따라 빈부 격차가 심해져서 요즘에는 절대적 빈곤보다는 상대적 빈곤감 때문에 괴로워하는 사람이 더 많다고 해요.

4장 무조건 돕는 게 좋은 건 아니야

세계 빈곤 아동의 실태

하루에 2만 5천 명의 어린이가 죽고 있습니다. 대부분의 원인은 질병, 가난, 영양 보급 부족, 오염된 물입니다. (유니세프)

말라리아로 매년 60만 명의 아동들이 사망하고 있습니다. (유니세프, 2015년)
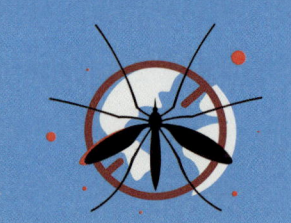

전 세계 노동을 강요 받는 아동은 1억 6천 800만 명입니다.
(세계 아동 노동 보고서, ILO)

죽음의 위험이 있는 노동을 하는 아동은 8천 500만 명입니다.
(세계 아동 노동 보고서, ILO)

당신은 알고 계십니까?

아동 노동으로 매년 2만 2천 명이 사망하고 있습니다.
(세계 아동 노동 보고서, ILO)

아동 노동의 평균 임금은 1주일에 3600원입니다.
(세계 아동 노동 보고서, ILO)

아동 노동이 발생하고 있는 국가는 76개국입니다.
(세계 아동 노동 보고서, ILO)

우리나라 빈곤 실태

빈곤 지위별 생활 곤란 경험 여부 (단위: %)

항목	수급 아동(150명 대상)	차상위 계층 아동(59명 대상)
집세를 못 낸 경험	있다 8.7	있다 8.6
공과금을 못 낸 경험	16.8	32.8
전기, 전화, 수도 끊어진 경험	3.4	8.6
난방을 못 한 경험	8.7	15.5
병원에 못 간 경험	7.3	12.3

*차상위 계층: 기초 생활 수급자 바로 위의 계층으로 자산은 없지만 의식주는 가능한 재산 수준

빈곤 지위별 아동 현황
*아동 444명 대상 설문 조사(단위: %)

자료: 초록우산 어린이 재단(2016)

인터넷 중독 (30점 만점, 높을수록 중독이 심함)
- 수급 아동　24.63
- 사각지대 아동　26.4
- 비빈곤 아동　25.42

자아 존중감 (40점 만점, 높을수록 존중감 높음)
- 수급 아동　24.31
- 사각지대 아동　24.17
- 비빈곤 아동　25.25

부모의 교육 참여 (12점 만점, 높을수록 부모 교육 참여도 높음)
- 수급 아동　3.89
- 사각지대 아동　4
- 비빈곤 아동　5.11

*사각지대 아동: 기초 생활 수급비 지원 대상이 아닌 차상위 가구 및 중위 소득 50% 미만 저소득 가구 아동

이 자료를 보면 복지 사각지대에 놓인 아이들의 경우 상황이 훨씬 열악한 것을 알 수 있어요. 밥을 굶지는 않더라도 안정적인 생활을 하고 있지 않은 상황이지요. 이런 식으로 빈곤이 대물림되지 않도록 정부와 사회가 함께 제도를 마련하고 공동체로서 어울려 살 수 있도록 노력해야 해요.

토론왕 되기!

언제까지, 어디까지 도와줘야 할까?

욕심쟁이 놀부가 정신을 차렸나 봐요. 동생 흥부를 돕기로 마음먹었거든요. 그런데 12명의 자식을 거느린 흥부의 가족을 도와주다 보니 놀부의 그 많던 재산이 야금야금 줄지 뭐예요? 도와주던 것을 멈추면 당장 흥부네 가족이 굶을 테고, 그렇다고 계속 도와주자니 끝이 없고, 고민에 빠진 놀부. 놀부의 고민을 해결해 줄 방법은 정녕 없는 걸까요?

놀부는 자식도 없고 돈도 많으니까 그냥 도와주면 되는 거 아니에요? 재산이 줄어드는 거야 할 수 없죠, 뭐.

놀부와 흥부는 결혼을 해서 이미 각자의 가정을 가졌잖니. 그런데 놀부가 형이고 돈이 많다는 이유만으로 흥부네 가족을 계속해서 도와주고 책임져야 할 이유는 사실 없어. 돈이 자라나거나 솟아나는 것도 아닌데 계속 쓰기만 한다면 아무리 돈이 많은 놀부라 할지라도 감당하기 힘들겠지.

그럼 어떻게 해요? 놀부가 모른 체하면 흥부네 가족들은 계속 힘들게 살아야 하잖아요.

부모들이 아기가 태어나 혼자 힘으로 아무것도 하지 못할 때에는 모든 걸 다 해 주다가 아기가 조금씩 성장하면 스스로 하게 하잖니. 밥을 먹는 것도 씻는 것도. 그런 걸 생각해 보면 방법이 떠오르지 않을까?

근대화 초기에는 열심히 노력하면 가난에서 벗어날 수 있었어요. 일한 만큼 대가를 얻었지요. 그렇지만 이제는 그러기가 쉽지 않아요. 사회 구조상 경제적으로 어려운 사람들은 고등 교육을 받기 어렵기에 저소득층에 머물러 있게 되지요. 일자리의 기회도 많지 않고요. 이런 가정에서 자란 아동 역시 마찬가지의 상황을 겪게 되니, '가난이 대물림'될 수밖에 없는 거랍니다.

정부나 사회에서 이들을 후원하는 제도를 마련하는 것은 바로 가난이 되물림되는 구조를 바꾸기 위해서예요. 지역 아동 센터에서 저소득층 아이들을 돌보며 공부를 가르치는 것, 대학 입시 때 농어촌 지역 입학 전형을 두는 것이 바로 이런 이유 때문이랍니다.

여러분이 놀부라면, 동생 흥부의 가난이 되물림되지 않으면서 그 자식들이 가난해지지 않도록 어떤 도움을 줄 수 있을까요?

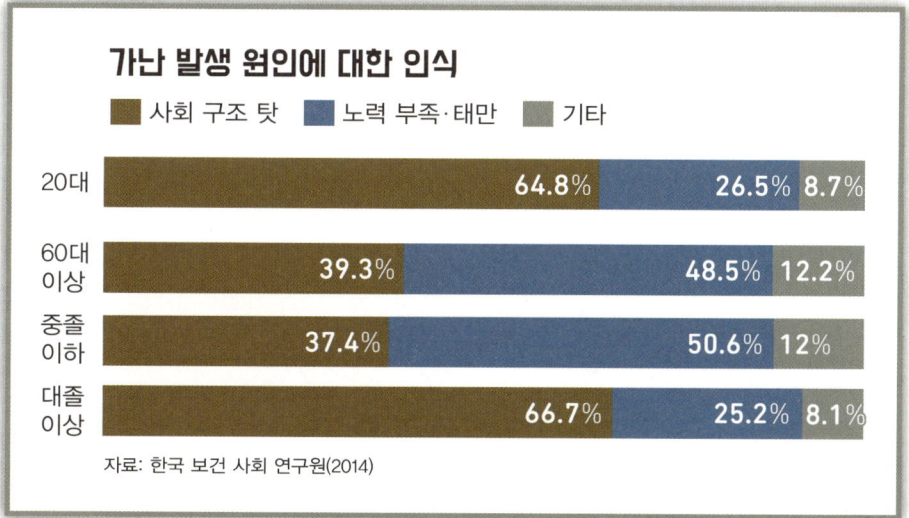

O, X 퀴즈
다음 설명을 듣고 맞는 것은 O, 틀린 것은 X로 표시하세요.

1. 가난한 사람을 계속 도와주다 보면 게을러지기 때문에 절대 도와주면 안 된다.

2. 가난은 본인의 게으름 때문에 지속되는 것이 아니기 때문에 주변의 도움이 꼭 필요하다.

3. 기부나 후원은 무조건 많은 금액으로 정해서 하는 것이 좋다.

4. 외국의 빈곤 아동은 무시하고 우리나라 빈곤 아동만 도와줘야 한다.

5. 어린이는 돈을 벌지 못하므로 기부나 후원을 할 필요가 없다.

정답 1.X 2.O 3.X 4.X 5.X

이제 편식은 안 해!

"어? 너 무슨 일 있어?"

서연이를 보는 슬찬이의 눈이 커다래졌어요. 슬찬이의 놀란 목소리를 들은 효주와 현민이도 무슨 일인가 싶어 뒤를 돌아보았어요.

"이제 편식 안 하려고."

"서연이 네가 편식을 안 한다고? 진짜?"

현민이가 믿어지지 않는다는 표정을 지었어요. 사실 서연이는 편식이 심해요. 좋아하는 반찬과 싫어하는 반찬을 엄청 구별하지요. 담임 선생님한테 혼나지 않으려고 몰래 반찬 버리는 기술도 얼마나 늘었는지 몰라요.

"아니, 갑자기 왜? 세 살 버릇 여든 간다고, 네 편식 습관은 쉽게 고쳐지지 않을 텐데."

1학년 때 같은 반이었던 슬찬이가 걱정스러운 표정으로 말했어요.

"나 어제 아빠랑 후원의 밤이라는 행사에 갔었거든. 너희들 내가 외국 친구를 후원하는 건 알고 있지?"

서연이의 말에 아이들 모두 격하게 고개를 끄덕였어요. 모를 리가 없

편식은 안 하리라!

잖아요. 그동안 서연이에게 하도 많이 들어서 모두 서연이가 에티오피아에 사는 리야에게 후원을 하고 있다는 것은 알고 있었어요.

"후원하는 사람들이 벼룩시장을 열었거든. 거기에서 북한 어린이들에 대해서도 알게 됐는데, 나 정말 많이 울고 반성도 많이 했어."

"반성을 왜 해?"

효주가 이해가 안 간다는 표정을 지었어요.

"북한은 식량이 되게 부족하대."

"그건 뉴스에도 가끔 나오잖아."

현민이의 말에 아이들이 고개를 끄덕였어요.

"그런데 식량이 부족해서 영양실조 걸리고 저체중인 아이들 모습을 영상으로 보니까 기분이 되게 이상하더라."

서연이 눈에 눈물이 또 그렁그렁 맺혔어요. 아프리카 아이들 모습을 보는 것이랑 북한 아이들의 모습을 보는 건 또 다른 기분이었어요. 아마 같은 동족이라서 그럴지도 몰라요. 6·25 전쟁 이후 북한과는 휴전선을 사이에 두고 관계가 좋았다 나빴다 했지만 한민족인 건 틀림없잖아요. 내 이웃, 친구, 가족과 닮은 모습을 한 어린이들이 영양실조로 고통 받는 모습을 보니 기분이 정말 이상했지요. 게다가 할머니 친구분 중에 이산가족 행사에 참여하신 분이 있어서 서연이는 북한과 우리나라의 관계에 대해 꽤 많이 알고 있어요.

"먹을 게 넘쳐나는 세상인데 영양실조라니."

현민이도 안타까운 표정을 지었어요.

"북한의 경제난이 되게 심각하대. 가뭄 때문에 농사도 잘 안 되고. 또 무기 개발이나 다른 데 돈을 쓰다 보니 먹을 게 많이 부족하다고 하더라."

효주의 말에 아이들 모두 시무룩한 표정을 지었어요. 북한에는 자원이 많다고 들었어요. 또 개발이 덜 된 지역이 많아서 천연기념물도 많다고 배웠어요. 그런데 북한은 정말 무기 개발에 돈을 쓰느라 먹을 게 부족한 사태를 겪고 있는 걸까요?

북한의 빈곤 아동 문제는 얼마나 심각할까?

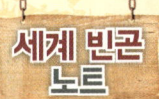

세계 빈곤 노트

국제 아동 기금(UNICEF·유니세프) 보고서에 따르면, 아이를 가질 수 있는 연령대의 북한 여성 2/3는 적절한 영양분 섭취를 못하는 실정이래요. 2세 미만 유아 가운데 73% 역시 마찬가지 상황이고요. 2400만 주민 가운데 2/3가 다음 끼니를 보장받지 못하고 있고, 5세 이하 어린이의 2%는 영양실조 때문에 뇌 발달이 영구적으로 손상될 수 있다는 자료도 있어요. 그래서 많은 북한 주민들이 중국으로 탈출을 시도하고 있어요. 그중 일부는 우리나라로 들어오기도 하는데, 그들에 대한 우리의 편견 때문에 편안하게 지내지 못한다고 해요. 적절한 직업을 얻기도 쉽지 않고요. 북에 두고 온 가족, 친척 때문에 죄책감도 느끼면서 살아야 해요. 우리나라가 인도적인 차원에서 북한 주민들을 위해 쌀이나 식량을 보내는 건 바로 이런 이유 때문이랍니다.

 저금통을 늘리자!

"그런데 우리가 몰라서 그렇지, 먼 북한까지 안 가도 우리 주변에도 은근 밥 굶는 애들 많다더라."

슬찬이의 말에 아이들 모두 놀란 표정을 지었어요.

"진짜? 우리 주변에도 그런 친구들이 있다고?"

"그래. 갑자기 가난해지는 사람들도 많잖아. 우리 아랫집 살던 형식이 형네도 아저씨가 사고 나고 회사도 그만두시게 되니까 순식간에 형편이 어려워지더라고."

아이들 모두 고개를 끄덕였어요. 생각해 보니 주변에서 그런 이야기들을 한두 번씩은 들어 본 것 같았어요. 갑자기 불행이 찾아오는 건 영화나 드라마에서만 일어나는 일이 아니라는 걸 아이들도 어느 정도는 알거든요.

"암튼 그래서 나 그날 엄청 많은 생각을 했어. 그리고 엄마랑도 많이 이야기했어. 그날 집에 와서 엄마한테 북한 친구도 후원하고 싶다고 했는데 에티오피아 친구를 후원하는 것과는 좀 다르더라고."

"그렇겠지? 아무래도 북한 친구를 개인적으로 후원하기는 힘들 것 같긴 해."

효주의 말에 아이들 모두 고개를 끄덕였어요.

"그래도 방법을 찾아야 한다는 생각이 들더라. 왜냐면 우리가 지금 당장 가난하지 않고 밥을 굶지 않는다고 내 문제가 아니라고 생각하면 안 될 것 같아서."

"그러게. 아프리카 아이 후원하는 건 좀 잘 모르겠지만, 북한 친구라면 나도 돕고 싶다."

"나도."

현민이와 슬찬이의 말에 서연이가 활짝 웃었어요.

"나는 은행에서 준 북한 결식 아동 돕기 저금통에 동전을 모아서 1년에 한 번씩 갖다 드려. 은행 언니가 그렇게 모은 돈을 다 모아서 북한 결식 아동 돕는 데 쓴다고 하더라고."

효주의 말에 아이들 모두 놀란 표정을 지었어요.

"그런 방법도 있구나. 나도 저금통을 하나 더 늘려야겠는걸."

"서연아, 너무 욕심 내지 마. 누군가를 돕는 건 좋은 일이지만 너무 욕심 내서 하는 건 별로인 것 같아. 게다가 너 자꾸 용돈 아껴야 된다고 나한테 떡볶이 사 달라고 조르잖아."

슬찬이의 말에 서연이의 얼굴이 빨개졌어요. 리야 친구들한테 줄 저금통에 돈을 모으느라 요즘 서연이는 용돈을 엄청 아껴 쓰거든요. 하지만 학교 앞 판다 분식을 그냥 지나칠 수 없으니 슬찬이에게 신세를 좀 지게 됐지 뭐예요.

"알았어. 다시는 너한테 떡볶이 사 달라고 안 할게."

서연이가 삐친 표정을 짓자 슬찬이가 당황해서 말했어요.

"아니, 너 떡볶이 사 주는 게 싫다는 얘기가 아니라 네가 힘들까 봐 걱정돼서 그런 거지."

"참! 떡볶이 하니까 생각난 건데, 판다 분식 할머니가 기부왕인 거 모르지?"

아이들 모두 고개를 갸우뚱거렸어요.

"그 할머니가 어릴 때 엄청 가난하게 사셨대. 하루에 한 끼도 먹기 힘드셨다나 봐. 그래서 돈을 벌게 된 이후로 가난한 아이들을 위해 기부를 많이 하신다는 거야."

"우와, 진짜? 엄청 멋진 할머니시다."

슬찬이와 서연이 모두 감탄하는 표정을 지었어요.

"아, 그래서 지난번 그 아이들한테 떡볶이를 그냥 주셨구나. 왜 저기 아래 할머니랑 사는 남매 있거든. 엄마 아빠가 사고로 돌아가셔서 폐지 줍는 할머니랑 산다는 애들인데, 그 애들한테 판다 분식 할머니가 떡볶이를 그냥 주시더라고."

현민이의 말에 서연이도 그제야 알 것 같았어요. 판다 분식에서 그 남매 아이들을 유난히 많이 마주친 이유를 말이에요.

"생각보다 우리 주변에 힘든 사람도 많고, 멋진 사람도 많구나. 학교도 못 가고 두 시간을 걸어 물 뜨러 가는 먼 나라 아이들만 도울 게 아니었네."

서연이는 정말 생각이 많아졌어요.

"그럼 이건 어때? 우리 일주일에 얼마씩 같이 저금통에 모아 볼까? 그럼 저금통을 금방 채울 거 아니야."

"오, 그럼 우리 4총사가 힘을 한번 모아 볼까? 정말 좋은 생각인데."

슬찬이의 말에 현민이도 박수를 치며 좋아했어요. 서연이도 슬찬이의 생각에 대찬성이었어요. 서연이 혼자서라면 저금통 하나를 채우는 데 몇 달이 걸리겠지만 4명이 함께 모으면 조금 더 빨라지겠죠?

"우리 4명에서 저금통 하나를 다 채우면 그다음엔 다른 친구들한테도 같이 하자고 해 보자. 티끌 모아 태산이라고, 조금씩 힘이 모이면 큰 힘이 되지 않겠어?"

서연이의 말에 슬찬이가 대 찬성이라고 외치더니 말했어요.

"사실 나 처음엔 누군가를 돕고 이런 건 돈을 버는 어른들이나 하는 일이라고 생각했었어. 또 후원 단체나 국제 구호 단체에서 알아서 하거나. 그런데 우리의 작은 힘으로도 가능한 일이었어. 내가 큰일을 하게 된 것 같아서 벅차오르는걸."

슬찬이의 말에 아이들 모두 박수를 쳤어요. 아이들도 모두 슬찬이와 같은 마음이니까요. 경제적 능력이 없는 어린이니까 누군가를 돕는 건 어른들이나 할 수 있는 일이라고 생각해 왔어요. 그런데 조금만 생각을 달리하면 그렇지 않다는 것을 알게 되었어요. 용돈을 아끼거나 나에게 주어진 것들을 절약하고 또 편식하지 않는 습관 같은 것들도 큰 힘이 될 수 있으니까요.

서연이는 제주도 공항에서 보았던 난민 가족을 아직도 잊을 수가 없

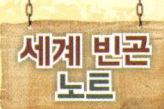

빈곤 퇴치, 정말 가능할까요?

세계 빈곤 노트

2015년 유엔은 지구촌 구성원이 2030년까지 달성해야 할 17가지 목표를 담아 지속 가능 발전 목표(SDGs)를 채택했어요. 이 중 첫 번째 목표는 바로 빈곤 퇴치에 관한 목표예요. 1990년에 36%에 달했던 지구촌의 절대 빈곤율은 2010년 15.7%로 떨어졌으며, 2015년에는 10%까지 떨어져서 그나마 다행이에요. 하지만 여전히 전 세계 인구의 10%인 7억 명이 넘는 사람들이 '제1차 국제 빈곤선'으로 설정된 하루 1.9달러 미만의 생활비로 극심한 빈곤 속에서 살아가고 있다고 해요. 이러한 절대 빈곤 인구의 대부분은 사하라 사막 이남의 아프리카에 살고 있어요.

「유엔 지속 가능 발전 보고서 2020」에 따르면, SDGs의 목표 달성 기한인 2030년에도 전 세계 인구의 6%가 여전히 극심한 가난에 처하게 될 것으로 보인다고 해요.

코로나19 사태 이후

코로나19로 인해 전 세계 빈곤율이 30년 만에 처음으로 높아질 것으로 보인다.

2020년 이후 **7100만 명** 이상의 사람들이 **절대 빈곤 상태**로 내몰릴 것으로 보인다.

자료: 유네스코 한국 위원회

어요. 서연이가 당연하다고 생각해 왔던 것들이 당연하지 않은 삶도 있다는 것을 알게 되었지요. 또 같은 것을 바라보는 시각에는 차이가 있다는 것을 아빠와 엄마를 통해서 배우기도 했지요. 멋진 바다를 보고 맛있는 음식만 먹고 온 것이 아니었던 제주도 여행을 서연이는 평생 잊을 수 없을 것 같아요.

우리나라의 빈곤 퇴치 계획

빈곤은 단순히 외국의 문제만이 아니에요. 우리나라 보건 복지부 자료에 의하면, 2018년 기준 한국의 기초 생활 수급자는 174만 명을 넘어섰으며, 2014년 이후 점차 증가하고 있는 실정이에요.
빈곤이 있으면 인권 침해가 이루어질 가능성이 커지므로, 우리가 가장 우선적으로 해결해야 하는 것이 바로 빈곤 퇴치랍니다.

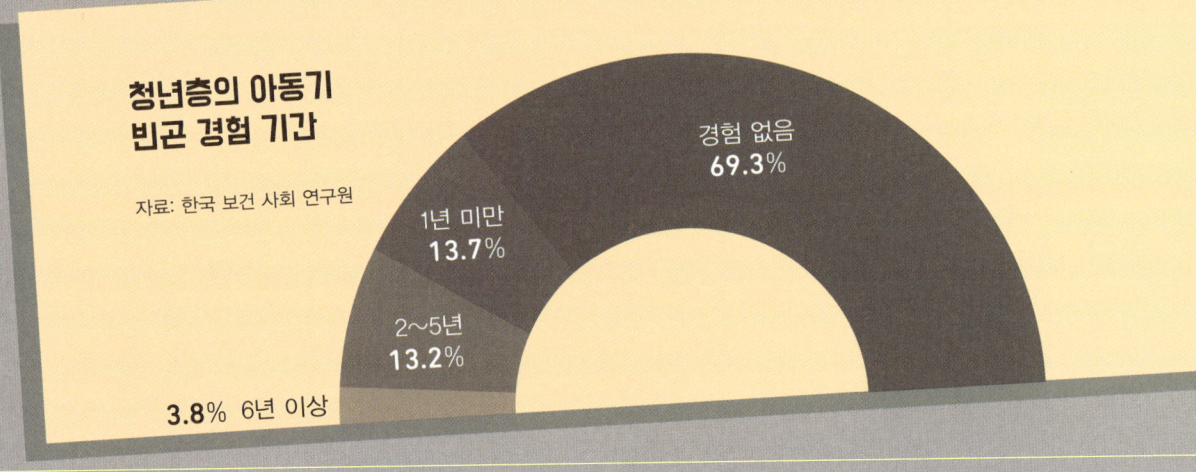

청년층의 아동기 빈곤 경험 기간
자료: 한국 보건 사회 연구원
- 경험 없음 69.3%
- 1년 미만 13.7%
- 2~5년 13.2%
- 6년 이상 3.8%

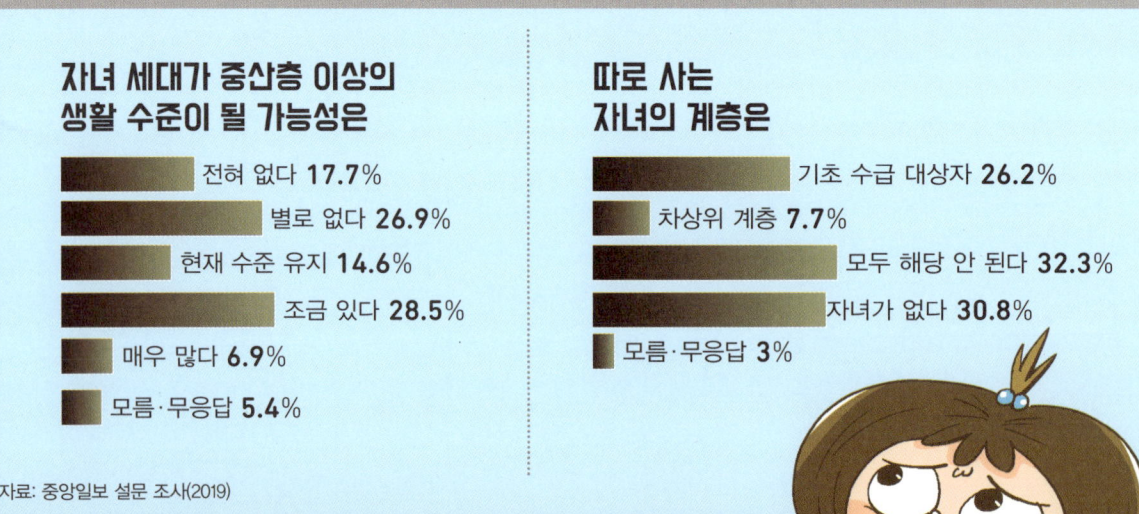

자녀 세대가 중산층 이상의 생활 수준이 될 가능성은
- 전혀 없다 17.7%
- 별로 없다 26.9%
- 현재 수준 유지 14.6%
- 조금 있다 28.5%
- 매우 많다 6.9%
- 모름·무응답 5.4%

따로 사는 자녀의 계층은
- 기초 수급 대상자 26.2%
- 차상위 계층 7.7%
- 모두 해당 안 된다 32.3%
- 자녀가 없다 30.8%
- 모름·무응답 3%

자료: 중앙일보 설문 조사(2019)

2005~2016년 12년 동안 매년 소득 계층별로 전국 7000여 가구를 선정해 설문 조사를 실시했어요. 2005년(1차 조사) 만 0~17세였던 아동이 2016년(12차 조사) 만 11~28세로 성장하는 과정에서 빈곤을 경험한 사람과 그렇지 않은 사람의 삶을 비교 분석한 것이지요. 이 조사를 맡은 연구원은 "중장기적으로 아동 수당 대상과 급여 수준을 확대해 빈곤의 대물림을 막아야 한다."고 설명했답니다.

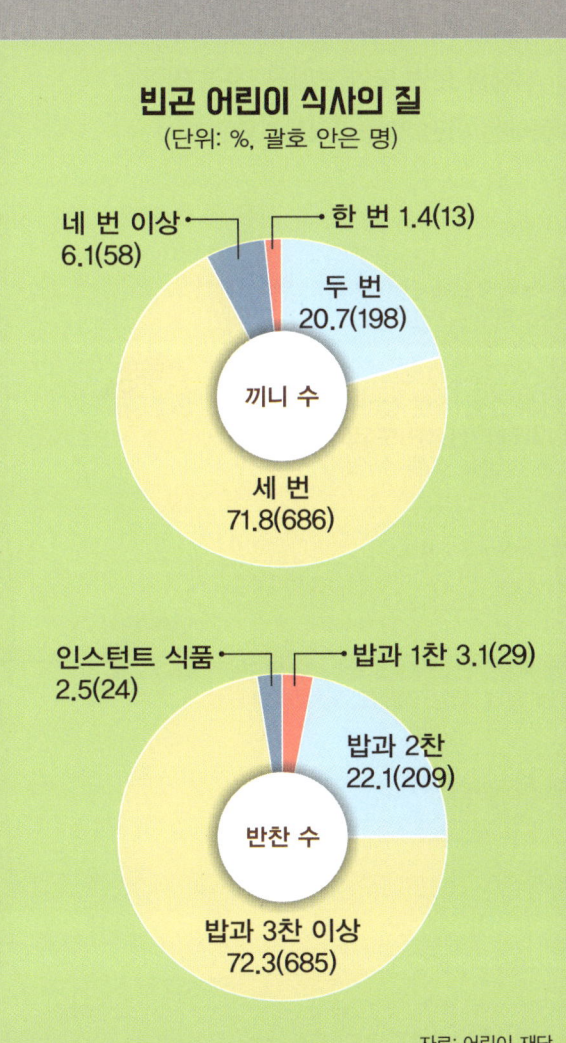

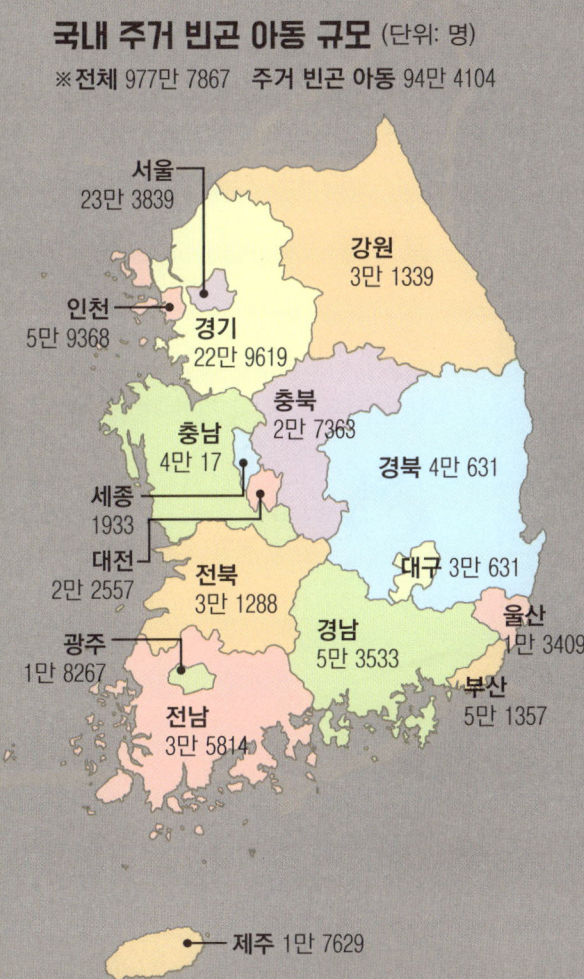

빈곤 퇴치를 위해 우리는 뭘 할 수 있을까?

어린이는 경제력이 없기 때문에 부모님의 도움을 받아 생활을 해야 하지요. 그렇다면 어린이는 빈곤 퇴치를 위해 할 수 있는 일이 아무것도 없을까요? 빈곤 퇴치를 위해 활동할 수 있는 사람은 모두 경제력을 갖춘 어른들일까요? 돈을 벌 수 없는 어린이지만 분명 생각해 보면 빈곤에 힘들어하는 어린 친구들을 도울 수 있는 방법이 있을 거예요. 지혜를 한번 모아 보아요. 우리 어린이들이 빈곤 퇴치를 위해 할 수 있는 일들에는 어떤 것들이 있을까요?

 어린이라고 가만히 있을 수도 없고, 그렇다고 누군가를 돕기 위해 자꾸 엄마한테 용돈을 달라고 할 수도 없고. 고민이네요.

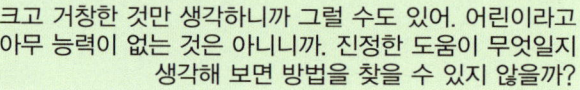  크고 거창한 것만 생각하니까 그럴 수도 있어. 어린이라고 아무 능력이 없는 것은 아니니까. 진정한 도움이 무엇일지 생각해 보면 방법을 찾을 수 있지 않을까?

 용돈을 아껴서 저금한 걸 가지고 후원하는 것 말고도 제가 할 수 있는 있을까요?

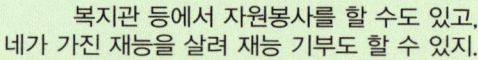  복지관 등에서 자원봉사를 할 수도 있고, 네가 가진 재능을 살려 재능 기부도 할 수 있지.

 아, 그런 방법이 있었네요! 이제부터 제가 정말 좋아하고 잘할 수 있는 재능을 더욱 의미 있게 쓸 수 있도록 키워 볼래요!

북한 아동도 우리가 도와야 할까?

북한은 2020년 최악의 식량난에 처했어요. 한 달 넘게 폭우가 지속된 데다 태풍까지 겹쳤기 때문이지요. 그런데다 코로나19까지 덮쳤으니, 식량 공급이 제대로 될 리가 없어요. 하지만 북한 아동을 돕는 일은 그리 쉽지 않아요. 국제 사회가 북한을 봉쇄하거나 북측이 오히려 도움을 거절하는 상황이거든요. 또한 이렇게 공급되는 식량이 진짜 필요한 사람에게 제대로 전달되지 않을 거라는 불신 때문에 기부나 후원도 적극적이지 않을 때가 많아요. 하지만 앞으로 남북한의 장래를 위해서 그리고 인도적인 차원에서 의류나 학용품 등은 꼭 보낼 필요가 있어요. 어쩌면 북한 주민들이 가장 기다리고 있는 것이 바로 우리 남한이 내미는 도움의 손길이 아닐까요?

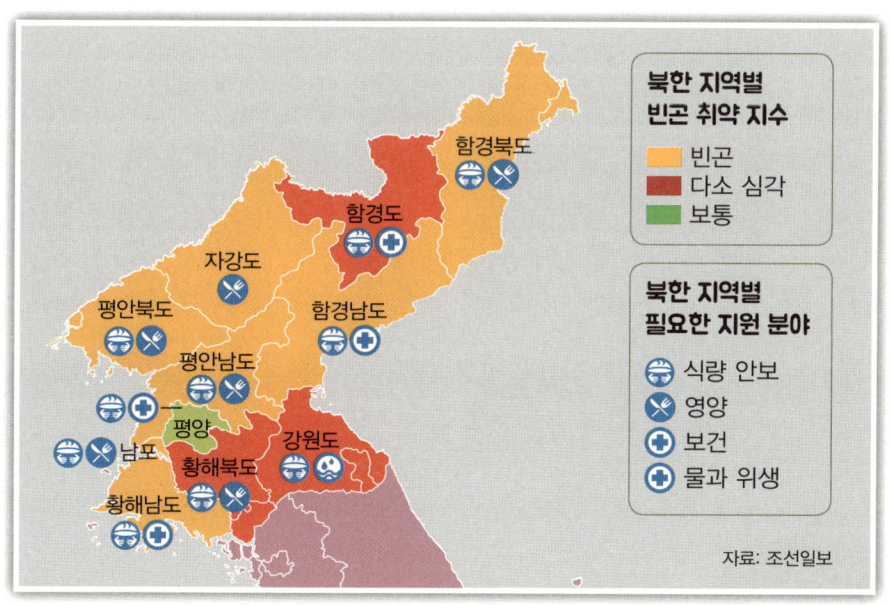

단어 찾기

세계 빈곤 아동과 관련된 단어 8개가 아래 낱말 카드에 숨어 있어요. 지금까지 배운 내용을 바탕으로 숨어 있는 낱말들을 가로, 세로, 대각선으로 모두 찾아보세요.

기	거	너	징	윤	랑	표	사
부	비	가	난	의	대	물	림
번	빈	유	엔	식	량	기	구
보	군	곤	지	석	호	완	경
유	엔	보	퇴	초	후	원	지
니	그	더	청	치	상	저	헌
세	사	복	지	사	각	지	대
프	포	북	정	과	군	민	난

정답: 기아, 굶주림, 유니세프, 기아대책, 유엔식량기구, 복지사각지대, 가난의대물림, 후원

어려운 용어를 파헤치자!

기금 자선 사업이나 공공사업을 돕기 위하여 대가 없이 내놓은 돈.

난민 여러 이유로 자신의 나라에서 살 수 없게 되어 다른 나라로 망명한 사람을 말해요. 난민이 되는 이유에는 인종 문제나 종교 혹은 정치적 견해 차이 등이 있어요.

무료 급식소 경제 사정이 어려운 사람들을 대상으로 돈을 받지 않고 식사를 제공하는 곳을 말해요.

성금 정성으로 내는 돈.

오픈카 덮개나 지붕이 없거나 접었다 폈다 할 수 있는 자동차.

지역 아동 센터 해당 지역에 거주하는 아동의 복지를 위한 각종 서비스를 제공하는 기관. 주로 지역 사회 내 보호를 필요로 하는 18세 미만의 아동을 대상으로 하지요.

세계 빈곤 아동 관련 사이트

유니세프 unicef.or.kr
2차 세계 대전 직후인 1946년에 창립된 유엔 기구예요. 인종, 종교, 국적, 성별과 관계 없이 전 세계 개발 도상국에서 거리의 아이들과 어린이 노동자, 난민 어린이 등 어려운 처지에 놓인 어린이를 위하여 영양, 보건, 식수 공급 및 위생, 기초 교육 분야에서 다양한 보호 사업을 펼치고 있지요. 특히 한국 위원회가 직접 돕는 나라는 북한, DR콩고, 중앙아프리카 공화국, 베트남, 시리아, 캄보디아, 몽골 등 약 15여 개국에 이릅니다.

희망친구 기아 대책 kfhi.or.kr
1989년 설립되어 전 세계 54개국에 500여 명의 봉사단을 파견하여 국내외 굶주리고 소외된 이웃들의 자립을 돕고 있어요. 해외 취약 지역의 아동뿐만 아니라 국내 돌봄이 필요한 아동, 북한 아동에 대한 실태 조사를 확인할 수 있어요.

세이브더칠드런 www.sc.or.kr
인류 최초로 '아동 권리'를 주창한 국제 기구로, 신생아 살리기 운동, 아프리카에 빨간 염소 보내기 운동 등 다양한 방식으로 아동 인권을 보호하기 위한 캠페인을 진행하고 있어요. 금전적인 후원이 아닌, 어린이들이 참여할 수 있는 내용이 있다는 점에서 어린이 여러분에게 추천해요.

신나는 토론을 위한 맞춤 가이드

서연이와 함께 공부하면서 빈곤 아동 문제에 대해 깊게 알 수 있었을 거예요. 누구에게나 자신 있게 말할 용기도 생겼을 거고요. 그 전에 마지막 단계인 토론을 잊지 마세요. 토론을 잘하려면 올바른 지식과 다양한 정보가 바탕이 되어야 해요. 책을 다 읽고 친구 또는 부모님과 함께 신나게 토론해 봐요!

잠깐! 토론과 토의는 뭐가 다르지?

토론과 토의는 모두 어떤 문제를 해결하기 위해 의견을 나누는 일입니다. 하지만 주제와 형식이 조금씩 달라요. 토의는 여러 사람의 다양한 의견을 한데 모아 협동하는 일이, 토론은 논리적인 근거로 상대방을 설득하는 일이 중요합니다. 토의는 누군가를 설득하거나 이겨야 하는 것이 아니기 때문에 서로 협력해서 생각의 폭을 넓히고 좋은 결정을 내릴 때 필요해요. 반면 토론은 한 문제를 놓고 찬성과 반대로 나뉘어 서로 대립하는 과정을 거치지요. 넓은 의미에서 토론은 토의까지 포함하는 경우가 많습니다. 토론과 토의 모두 논리적으로 생각 체계를 세우고, 사고력과 창의성을 높이는 데 도움을 준답니다.

토론의 올바른 자세

말하는 사람
1. 자신의 말이 잘 전달되도록 또박또박 말해요.
2. 바닥이나 책상을 보지 말고 앞을 보고 말해요.
3. 상대방이 자신의 주장과 달라도 존중해 주어요.
4. 주어진 시간에만 말을 해요.
5. 할 말을 미리 간단히 적어 두면 좋아요.

듣는 사람
1. 상대방에게 집중하면서 어떤 말을 하는지 열심히 들어요.
2. 비스듬히 앉지 말고 단정한 자세를 해요.
3. 상대방이 말하는 중간에 끼어들지 않아요.
4. 다른 사람과 떠들거나 딴짓을 하지 않아요.
5. 상대방의 말을 적으며 자기 생각과 비교해 봐요.

체계적으로 생각하기
가난한 나라의 친구들에게 교육이 왜 필요할까요?

학교에 다니며 필요한 지식을 배우는 교육. 이 당연한 권리를 누리지 못하는 아동, 특히 소녀들이 전 세계에 많다고 해요. 다음 글을 읽고, 세계 빈곤 아동들에게 교육이 왜 필요한지 생각해 보아요.

"나는 열두 살 소녀 나니예요. 원래는 학교에 다녀야 하지만 부모님이 날 학교에 보내지 않았어요. 이웃들도 마찬가지고요. 엄마 대신 집안일을 돕거나 소를 키우면서 가족을 위해 일을 해야 한대요."

인도에는 나니 같은 소녀들이 아주 많아요. 모든 국민을 대상으로 의무 교육을 실시하고 있지만, 약 400만 명의 소녀들이 학교에 다니지 못한다고 해요. 여성은 그저 가사 노동의 도구로 인식되기 때문이지요.

비영리 기구 에듀케이트 걸즈는 이처럼 인도의 시골이나 교육적으로 낙후된 지역에서 어린 소녀들을 교육하는 단체예요. 일단 부모님을 만나 딸을 학교에 보내야 한다고 설득해야 하는데, 대부분 완강히 거절합니다.

에듀케이트 걸즈는 인도의 18000개 마을에 성공적으로 정착해서 문해력이나 수리 능력 등 기초 역량을 교육하고 있어요. 소녀들의 중등학교 졸업률이 10% 증가할 때, 빈곤 국가의 경제가 3% 성장하는 '소녀 효과'를 강조하지요.

실제 빈민국에 사는 소녀들에 대한 교육의 중요성을 나타내는 '소녀 효과'는 여러 나라에서 증명됐어요. 멕시코에서는 1997년 아들과 딸을 모두 학교에 보내는 빈곤층 가정에 현금을 주는 제도를 도입했어요. 어떤 일이 벌어졌는지 아세요? 10년 후 극빈층 비율이 24% 줄었다고 해요. 단순히 소녀들을 교육시켰기 때문은 아닐 거예요. 교육을 통해 사회적 인식이 달라졌고, 스스로 무언가를 해 나갈 자신감이 생겼기 때문이겠지요.

교육은 모든 아동의 기본 권리이며 아동 스스로 자신의 인생을 살아갈 수 있도록 돕는 기본적인 사회 장치입니다.

1. 인도에서 여자아이들에게 교육을 시키지 않는 이유는 무엇일까요?

2. 남자, 여자를 가리지 않고 교육을 받아야 하는 이유가 무엇일까요?

논리적으로 말하기 1
식량 위기, 얼마나 심각한가요?

코로나19로 전 세계의 빈곤은 더 심각해졌어요. 2020년 노벨 평화상을 받은 '세계 식량 계획'은 억만장자들의 기부를 당부하기도 했지요. 다음 글을 읽고, 이 문제에 대해 여러분의 생각을 정리해 말해 보세요.

유엔 산하 세계 식량 계획(WFP)이 내년에는 코로나19보다 더 무서운 '기근 바이러스'가 인류를 위협할 것이라고 경고했어요. 2020년 남수단에서는 밀 가격이 60% 급등했어요. 인도, 미얀마 등에서는 감자 및 콩 가격이 20% 이상 올랐고요. 이들을 포함한 세계 30여 개국은 기근을 겪고 있다고 해요. 유엔 식량 농업 기구(FAO)는 코로나로 식량 생산과 공급이 줄면서 세계 기아 인구가 당초 예상했던 1억 3000만 명의 두 배가 넘는 2억 7000만 명에 이를 것으로 추정했어요. 이 문제를 어떻게 해결하면 좋을까요?

1940년대 이후 지구촌에서는 전염병으로 인한 대규모 기근은 사실상 사라졌다고 해도 과언이 아니에요. 20세기 들어 전쟁을 제외하고는 인류를 집단적 기근으로 몰아넣은 사례는 없었지요. 1984년 가뭄으로 아프리카의 많은 국가들이 기아에 허덕이긴 했지만, 전 세계적인 기근이라고 할 수는 없지요. 실제 극심한 영양 부족을 겪는 세계 인구는 1970년의 28%에서 2015년 11%로 매우 크게 감소했고요. 그런데 코로나19로 인해 전쟁에 버금가는 기근 피해가 발생할 가능성이 높다고 WFP가 경고한 것이에요.

코로나19의 전 세계적인 확산을 막기 위해 국가 무역 등을 봉쇄할 수밖에 없었는데요. 이것이 극빈국과 저소득층에 더 큰 고통을 가했어요. 세계 최대 쌀 수출국인 인도는 화물선을 구하지 못해 수출에 어려움을 겪었어요. 일부 농업 강국들은 2020년 봄 곡물 수출을 제한했지요. 베트남은 쌀을, 러시아는 밀, 쌀, 보리 등의 수출을 막았어요. 식량 수확 사정이 나은 나라에서도 어려움을 겪긴 마찬가지예요. 유통망을 찾지 못해 밭을 갈아엎기까지 했지요. 봉쇄령이 내려졌던 인도의 농촌 지역 들판에는 토마토와 바나나가 버려지기까지 했대요. 어느 한쪽에서는 식량이 부족해 굶는 상황인데도 말이지요.

팬데믹은 과거 전쟁이 초래한 것보다 더 파괴적인 식량 위기를 예고하고 있어요. 이런 위기 속에서 협력 대신 자국 이기주의에 몰두하는 국가들이 늘어난다면 굶주림도 감염병처럼 전파될지 몰라요. 코로나를 버티는 것도 힘든데 기근까지 확산되는 최악의 시기가 닥쳐온다면, 지구는 어떻게 될까요? 남의 나라 일이니 모른 척해도 될까요?

1. 코로나19 상황이 왜 극빈국과 저소득층을 더욱 힘든 상황으로 만들었다고 생각하는지 말해 보세요.

2. 코로나에 이어 기근 위기를 경고하는 세계 식량계획의 발표를 보면서, 어떻게 하면 이 위기를 극복할 수 있을지 여러분의 생각을 말해 보세요.

논리적으로 말하기 2

난민을 국민으로 받아들일 수 있을까요?

여러분은 난민이나 외국인 노동자에 대해 어떤 생각을 갖고 있나요? 이들에게 우리나라가 국민과 똑같은 권리를 주지 못하는 이유는 무엇일까요? 다음 글을 읽고 여러분의 생각을 정리한 후 말해 보세요.

시민 단체 난민 인권 네트워크는 2020년 6월 서울 마포구 인권재단사람 사옥에서 기자 회견을 열고 "7월 1일로 시행 7주년을 앞두고 있는 난민법은 사실상 난민 거부 정책이나 마찬가지"라며 "21대 국회가 난민 인권을 보장하는 방향으로 법을 개정하기를 촉구한다."고 밝혔다.

난민 인권 네트워크 의장은 "우리 정부의 난민 정책으로 어렵게 도착한 난민들이 강제로 송환되거나 장기간 구금을 견디지 못하고 떠나가고 있다."며 "난민 지위를 얻은 극소수도 정부의 무관심과 사회 차별, 빈곤 등을 이기지 못하고 사회 안전망의 바깥에 방치됐다."고 주장했다. 그러면서 "특히 신종 코로나바이러스 감염증(코로나19) 사태로 난민을 향한 대중의 혐오도 커졌다."며 "정부의 난민 거부 정책도 강화됐다."고 비판했다. 난민 인권 네트워크는 난민을 거부하는 정부 정책을 폐기하고 난민 권리를 보호해야 한다며 다음의 내용을 제안했다.

새로운 난민 인권 정책 수립
- 국제적 인권 기준에 걸맞은 난민법 개정
- 국제법에 부합하는 출입국 난민 심사 운영
- 난민 신청자의 장기 구금을 용인하는 현행 제도 개선과 아동 난민의 구금 철폐
- 난민의 건강권, 사회 보장, 노동권, 정보 접근권 등 기본권 보장

1. 난민들을 대표하는 사람이 우리나라가 난민들에 대해 잘못하고 있다고 주장하는 점은 어떤 부분인가요?

2. 난민들이 그들의 인권을 위하여 우리 정부에 요구하는 사항은 무엇인지 말해 보세요.

3. 여러분이라면 난민과 외국 노동자들의 인권을 위해 정부가 어디까지 보장해 주어야한다고 생각하는지 말해 보세요.

창의력 키우기

나의 재능을 기부하는 방법은 없을까요?

국가나 단체뿐만 아니라 많은 사람들이 빈곤으로 고통받고 있는 사람들을 위해 노력하고 있어요. 기업이나 연예인은 정기적으로 기부금을 보내기도 하고 의료 지원 등 많은 노력을 기울이고 있지요. 돈이나 물건을 지원해 주는 것 말고 다른 방법은 없을까요? 오직 나만이 할 수 있는 방법을 써 보세요.

예시 답안

가난한 나라의 친구들에게 교육이 왜 필요할까요?

1. 모든 국민이 의무 교육의 대상이면서도 여성은 가사 노동의 도구로 인식되기 때문이다. 딸이 학교에 다니는 게 집안에 도움이 된다고 생각하지 않기 때문이다.
2. 교육은 모든 아동의 기본 권리이며 아동 스스로 자신의 인생을 살아갈 수 있도록 돕는 기본이 되는 사회적 장치이기 때문이다.

식량위기, 얼마나 심각한가요?

1. 팬데믹 확산 방지를 위해 봉쇄 조치를 했기 때문이다. 세계 최대의 쌀 수출국인 인도는 화물선을 구하지 못해 수출에 어려움을 겪었다. 일부 농업 강국들은 곡물 수출을 제한했다. 베트남의 경우 쌀을 제한했고, 러시아는 밀과 쌀, 보리 등의 수출을 막았다. 인도의 경우에는 봉쇄령 때문에 농촌 지역 들판에 토마토와 바나나가 버려지는 일까지 있었다.
2. 팬데믹은 과거 전쟁이 초래한 것보다 더 파괴적인 식량 위기를 예고하고 있다. 이런 상황에서 각 나라가 이기적인 생각을 갖고, 자기 나라의 발전과 보호에만 신경 쓴다면 결국 지구의 수많은 인구가 굶주리게 될 것이다. 여러 국제기구가 힘을 모아 자연재해에 대처하고, 식량이 쓸데없이 버려지지 않도록 방법을 강구해야 할 것이다.

난민을 국민으로 받아들일 수 있을까요?

1. 현재의 난민법은 사실상 난민 거부 정책이나 마찬가지라고 주장하고 있다. 현실적으로는 어렵게 우리나라로 들어온 난민들이 강제로 송환되거나 장기간 구금을 견디지 못하고 떠나고 있는 상황이다. 난민 지위를 얻더라도 그 수는 극소수이며, 정부의 무관심과 사회 차별, 빈곤 등으로 어려움을 겪고 있다고 한다.
2. 새로운 난민 인권 정책 수립, 국제적 인권 기준에 걸맞은 난민법 개정, 국제법에 부합하는 출입국 난민 심사 운영, 난민 신청자의 장기 구금을 용인하는 현행 제도 개선과 아동 난민의 구금 철폐, 난민의 건강권, 사회 보장, 노동권, 정보 접근권 등 기본권 보장 등을 제안하고 있다.
3. [예시 답안 1] 우리나라에서 나고 자란 사람이 아니므로 우리나라 국민과 똑같은 혜택을 주기에는 무리가 있다고 생각한다. 기본적인 인권은 보장하되, 어느 정도는 차별을 감수해야 한다고 생각한다.
   [예시 답안 2] 자기 나라에서 어려움을 겪어 난민 신청을 하고 들어온 만큼, 만약 까다로운 절차를 모두 통과했다면 모두 우리나라 국민과 똑같은 제도하에서 권리를 누릴 수 있어야 한다고 생각한다. 마찬가지로 우리 국민으로서의 의무도 지켜야 한다고 생각한다.

정가 480,000원

개념 수학 〈1단계〉① 양치기 소년은 연산을 못한대(수와 연산) ② 견우와 직녀가 분수 때문에 싸웠대(수와 연산) ③ 헨젤과 그레텔은 도형이 너무 어려워(도형) ④ 쉿! 신데렐라는 시계를 못 본대(측정) ⑤ 알쏭달쏭 알라딘은 단위가 헷갈려(측정) ⑥ 떡장수 할머니와 호랑이는 구구단을 몰라(규칙성) ⑦ 아기 염소는 경우의 수로 늑대를 이겼어(자료와 가능성) ⑧ 개념 수학 1단계-백점맞는 수학 문장제 〈2단계〉⑨ 가우스, 동화 나라의 사라진 0을 찾아라(수와 연산) ⑩ 가우스는 소수 대결로 마녀들을 물리쳤어(수와 연산) ⑪ 앨런, 분수와 소수로 악당 히들러를 쫓아내라(수와 연산) ⑫ 오일러와 피노키오는 도형춤 대회 1등을 했어(도형) ⑬ 오일러, 오즈의 입체도형 마법사를 찾아라(도형) ⑭ 유클리드, 플라톤의 진리를 찾아 도형 왕국을 구하라(도형) ⑮ 아르키는 어림하기로 걸리버 아저씨를 구했어(측정) ⑯ 페르마, 수리수리 규칙을 찾아라(규칙성) ⑰ 피보나치, 수를 배열해 비밀의 방을 탈출하라(규칙성) ⑱ 파스칼은 통계 정리로 나쁜 왕을 혼내줬어(자료와 가능성) ⑲ 개념 수학 2단계-백점맞는 수학 문장제 〈3단계〉⑳ 약수와 배수로 유령 선장을 이긴 15소년(수와 연산) ㉑ 입체도형으로 수학왕이 된 앨리스(도형) ㉒ 원주율로 떠나는 오디세우스의 수학 모험(측정) ㉓ 비례배분으로 보물섬을 발견한 해적 실버(규칙성) ㉔ 로미오와 줄리엣이 첫눈에 반할 확률은?(자료와 가능성) ㉕ 개념 수학 3단계-백점맞는 수학 문장제
융합 수학 ㉖ 쌍둥이 건물 속 대칭축을 찾아라(건축) ㉗ 열차와 배에서 배수와 약수를 찾아라(교통) ㉘ 스포츠 속 황금 각도를 찾아라(스포츠) ㉙ 옷과 음식에도 단위의 비밀이 있다고?(음식과 패션) ㉚ 꽃잎의 개수에 담긴 수열의 비밀(자연)
창의 수학 ㉛ 퍼즐탐정 셜링홈즈1-외계인 스콜피오스의 음모 ㉜ 퍼즐탐정 셜링홈즈2-315일간의 우주여행 ㉝ 퍼즐탐정 셜링홈즈3-뒤죽박죽 백설공주 구출 작전 ㉞ 퍼즐탐정 셜링홈즈4-'지지리 마란드러'의 방학숙제 대작전 ㉟ 퍼즐탐정 셜링홈즈5-수학자 '더하기를 모테'와 한판 승부 ㊱ 퍼즐탐정 셜링홈즈6-설국언차 기관사 '얼어도 달리능기라' ㊲ 퍼즐탐정 셜링홈즈7-해설 및 정답
개념 사전 ㊳ 수학 개념 사전 1(수와 연산) ㊴ 수학 개념 사전 2(도형) ㊵ 수학개념사전 3(측정/규칙성/자료와 가능성)